Q&A 御社の営業は法律知識で強くなる

小笠原国際総合法律事務所編

清文社

ま え が き

　昨今、コンプライアンス（法令遵守）が声高に叫ばれるようになっている。平成18年5月に施行された会社法においても、「取締役の職務の執行が法令及び定款に適合することを確保するための体制その他株式会社の業務の適正を確保するために必要なものとして法務省令で定める体制の整備」（会社法第362条第4項第6号）というコンプライアンスの規定が設けられ、その重要性は日増しに高まっている。また、役員のみならず一般従業員にも、「使用人の職務の執行が法令及び定款に適合することを確保するための体制」（会社法施行規則第100条第1項第4号）や、「取締役及び使用人が監査役に報告をするための体制その他の監査役への報告に関する体制」（同規則第100条第3項第3号）という具体的規定により、遵法精神が求められるに至っている。
　ところでコンプライアンスというと、世間では取締役や監査役等の役員に深く関わっていることだというイメージがあるが、実は役員以外の一般従業員（たとえば、営業担当者など）にも関わりのあることである。先に述べたように、「コンプライアンス＝法令遵守」なので法を守る義務は一般従業員にも当然、課されているからである。
　本書は、そのコンプライアンスの一環として、日々直接、様々な取引の場面において法令違反にさらされる危険性のある営業担当者等の人々を対象に、契約・印鑑・印紙といった基本的事項から債権回収等の応用事項まで、実務上の心構えとして必要な点についてまとめたものである。
　また我が国は、少子高齢化や労働力不足という現状を抱えているが、それに対する企業内の研修や、上司の指導が十分に奏功しているとは言い難い。その意味でも、「前線」に立つ営業担当者のみならず、役職や部署にとらわれず幅広い立場の人々にも、本書によって正確かつ適切な

知識を確保していただければ幸いである。まずは、新しく社会人となられる予定の方々、または社会人となられた方々に一読をお勧めしたい。

なお、営業担当者に向けた心構えを記した類書は多く存在するが、本書は各種法律の改正点や立法・裁判例・事例等、最新の法務事項を盛り込んだ点、昨今の契約・取引、あるいは株主総会運営等において欠かせない電子商取引（Electronic Commerce）やIT化についても一章を割いている点で大きな特徴がある。

営業担当者の方も、そうでない方も、本書をぜひ手にお取りいただき、コンプライアンスの具体的な実践について幅広く学んでいただければ幸いである。

2007年7月

小笠原国際総合法律事務所　代表弁護士
小笠原　耕司

Contents

はじめに

第1章 利益を守る法律実務

- Q1 契約書や領収証には、どのような場合に収入印紙を貼らなければならないのですか？ また、印紙の貼付や消印を忘れた場合に、その文書の効力はどうなるのでしょうか？ ……………………………… 2
- Q2 会社にはたくさんの印鑑があるのですが、どのように使い分けたらよいのでしょうか？ また、印鑑を盗まれてしまった場合の対処について教えてください。 ……………………………… 6
- Q3 不動産を買う際に、手付金として売買代金の10％を支払うように要求されました。手付とはどういうものでしょうか？ また内金とはどう違うのでしょうか？ ……………………………… 9
- Q4 上司から、商品代の支払いがない相手に、内容証明郵便を出すようにいわれました。そもそも内容証明郵便はどのような場合に使うのですか？ また、その効果や作成方法を教えてください。 …………… 12

第2章 各種代金の請求実務

- Q5 顧客と契約をする前に、顧客について何を調査すべきでしょうか？ …… 16
- Q6 契約書の内容、その他契約書と作成書類を作成する上での実務上の注意点は何でしょうか？ ……………………………… 19
- Q7 契約書の体裁、その他契約書を作成する上での形式上の注意点は何でしょうか？ ……………………………… 23
- Q8 契約の際に署名や記名捺印をしますが、効力に違いはあるのでしょうか？ また、訂正印の押し方、その他押印の方法等を教えてください。 ……………………………… 27

- **Q9** 顧客への代金の請求は、どのような方法で行えばよいでしょうか？ ……31
- **Q10** 顧客に代金を請求したところ、「支払いを待ってほしい」といわれました。どのように対応したらよいでしょうか？ ……………………33
- **Q11** 顧客に対して度々代金の請求をしましたが、支払ってもらえません。このまま放置しておくと時効になってしまうと聞きました。時効はどのような場合に生じるのですか？ また、時効にならないためにはどのように対応したらよいでしょうか？ ………………36
- **Q12** 顧客が代金を支払ってくれないのですが、一方で私の会社もその顧客に対して支払わなければならない代金があります。そこで、相殺をしたいのですが、どのように行ったらよいでしょうか？ ……………40

第3章　債権回収に関する法律実務

- **Q13** 取引先が代金を支払わない場合に備えて、代金を請求する側はどのようなことができますか？ ………………………………………44
- **Q14** 保証人が保証契約を解除したいといってきました。この解除には応じなければならないのでしょうか？ ………………………………47
- **Q15** 担保にとった不動産に不法占拠者が出現し、たびたび居座るようになりました。いなくなってもらうにはどうしたらよいですか？ ………49
- **Q16** 取引先Ｘに、わが社が扱う商品を売却しました。ところが、支払い期限が来たのに、何度か催促の電話を入れても代金を支払ってくれません。担保、保証人ともに取っていないのですが、どのような法的手続をとれば代金を回収できるのでしょうか？ ……………………51
- **Q17** 債務者が死亡してしまっても債権は回収できますか？ また、債務者が行方不明となってしまった場合はどうなのでしょうか？ ………53
- **Q18** 債務者から担保を徴求していますが、支払いがないので担保を実行したいと思います。どのような手続をとればよいでしょうか？ ……56
- **Q19** 日頃から、経営状態がよくないとの噂があった取引先に債権があります。何もしないままでいたところ、相手会社が財産を隠匿・分散しようとしているとの情報をキャッチしました。これを止める方法はないのでしょうか？ ………………………………………………58

- Q20 取引先の会社が破産の申立てを行いました。どう対応したらよいですか？　破産手続の流れ・スケジュールはどうなっているのでしょうか？ ……………………………………………………………… 60
- Q21 取引先の会社が民事再生の申立てを行いました。どう対応したらよいですか？　民事再生手続の流れ・スケジュールはどうなっているのでしょうか？ ……………………………………………………… 64
- Q22 取引先の会社が会社更生の申立てを行いました。どう対応したらよいですか？　会社更生手続の流れ・スケジュールはどうなっているのでしょうか？ ……………………………………………………… 68

第4章　販売競争を勝ち抜く法律実務

- Q23 取引先から「在庫となっている不人気商品と一緒でなければ他の商品を売らない」といわれたのですが、買わなければならないのですか？ ……………………………………………………………………… 74
- Q24 取引先から「安売りするなら商品の卸はしない」と、標準小売価を下回って商品を販売しないようにいわれたのですが、買わなければならないのですか？ ……………………………………………………… 77
- Q25 取引先であるメーカーAとは、「B商品の販売地域は、関東地方だけにする」という契約を締結しており、これに違反した場合は契約を解除されてしまいます。やはりこの条件には従うしかないのでしょうか？　ちなみにメーカーAは、B商品については全国で1位のシェアを誇っています。………………………………………… 79
- Q26 当社は卸売業を営んでいます。取引先であるメーカーCから、卸売先である小売店をD店だけにしてほしいという条件を出されました。この条件に従わない場合は、契約を解除されてしまうとのことです。どうしたらよいでしょうか？ ………………………………… 81
- Q27 当社は改装業を営んでおり、取引先の大手百貨店Eに入っています。Eは先日、店舗改装費について、当社に負担するように要求してきました。当社はEに比べて規模がとても小さく逆らえません。どうしたらよいでしょうか？ ……………………………………… 83

▶ Q28 取引先が、最初の取決めに反して、商品を量販店に流しているようなので、契約を解除したいと思うのですが、それは許されますか？ ………………………………………………………………………… 85
▶ Q29 ① オンラインショップで商品Ｆを購入してもらった人の中から、抽選で景品を提供する場合、何か問題はありますか？
② また、商品Ｆの販売促進のため、新聞や雑誌に懸賞広告を出し、Ｆを購入したかどうかに関係なくそれに応募してもらった人の中から、抽選で景品を提供したいという案が社内であがっています。これについてはどうなのでしょうか？ ………………… 86
▶ Q30 これまでの設問であがった以外に、独占禁止法上の違反形態にはどのようなものがありますか？ ………………………………………… 88
▶ Q31 最近、○イブドア事件とか○上ファンド事件、内部職員のインサイダー取引など、証券取引がらみの事件が多いですが、具体的にどういうことが許されない行為とされているのでしょうか？ 証券取引法上許されない行為について、簡潔に教えて下さい。また、最近よく耳にする「金融商品取引法」についても教えてください。 ………… 90
▶ Q32 証券取引法上の「風説の流布」について教えてください。 ………… 93
▶ Q33 証券取引法上の「仮装売買」と「相場操縦」について教えてください。 ………………………………………………………………………… 95
▶ Q34 「インサイダー取引」という言葉をニュースでもよく聞きますが、どういうことをインサイダー取引というのでしょうか？ ……………… 97
▶ Q35 「ビジネスモデル特許」について教えてください。 ………………… 99
▶ Q36 仕入先から、自由に使用することにつき許可を受けて、ある画像を提供されました。許可を受ければ、あとは特に何も取決めをせずに画像を自由に使ってしまって大丈夫なのでしょうか？ ……………… 101
▶ Q37 技術情報に関する契約を締結する際、どのようなことに注意すればよいでしょうか？ ………………………………………………………… 104
▶ Q38 不正競争防止法上の営業秘密として保護されるために必要となる要件は何ですか。裁判例上の「ミニマム」の管理水準と、「望ましい」管理水準の２つについてそれぞれ教えてください。 ……………… 106
▶ Q39 不正競争防止法（以下、「同法」という）における営業秘密についての規定が過去に何度か改正されましたが、そのポイントについて教

- Q40 自社が開発した製品は、どのような場合に特許権が認められますか？ …………………………………………………………………… 113
- Q41 自社の製品について特許をとった場合、競合他社のどのような行為が特許権の侵害といえるのですか？ 侵害といえるときはどうすればよいのですか？ ………………………………………………………… 115
- Q42 自社の開発した製品に実用新案権が認められるのはどのような場合ですか？ 特許と何が違うのですか？ ………………………………… 117
- Q43 自社製品の海賊版を見つけたらどうすればよいですか？ …………… 119
- Q44 自社の商品とまぎらわしい名前の商品をみつけました。その商品を製造・販売している会社に対して、何か請求できますか？ ………… 121
- Q45 自社商品のデザインとそっくりの商品をデパートで発見しました。どうすればよいですか？ ………………………………………………… 123
- Q46 著作権はどうすれば取得できるのですか？ ………………………… 125

第5章　EC（Electronic-Commerce）ビジネスに関する法律実務

- Q47 ネットショップを始めるにあたって注意すべき法律にはどんなものがありますか？ …………………………………………………………… 128
- Q48 ネットショップでは、どんな商品も販売できますか？ ……………… 130
- Q49 ネットショップをつくるにあたりドメイン名を取得しようと思いますが、注意すべき法律はありますか？ ……………………………… 132
- Q50 ウェブページをつくるにあたって注意すべき法律はありますか？ … 134
- Q51 ネットショップにおいて、ウェブページに必ず表示しなければならない事項はありますか？ ……………………………………………… 136
- Q52 ウェブページに表示しなければならない事項を表示しないと、どのような不利益がありますか？ ………………………………………… 138
- Q53 ウェブページで広告を出す場合に注意すべきことはありますか？ … 140
- Q54 電子メールで広告する場合に注意すべきことはありますか？ ……… 141
- Q55 契約の申込み画面は、どの程度わかりやすくすべきですか？ ……… 143

- **Q56** ウェブページの表示について、特定商取引法以外に注意すべき法律はありますか？ …………………………………………………………145
- **Q57** 個人情報保護法とは何ですか？ また、これに違反しないための注意点について教えてください。………………………………………146
- **Q58** 電子商取引では、契約はいつ成立するのですか？ ………………148
- **Q59** 当社は注文があった際、その相手に対する申込みの承諾をもって契約が成立することとしています。自動返信メールの返信でも、契約の成立とみなされますか？ ……………………………………150
- **Q60** 顧客から、注文ミスのためキャンセルしたいといわれました。応じなければならないのでしょうか？ …………………………152
- **Q61** 顧客から、未成年者なのでキャンセルしたいといわれましたが、応じなければなりませんか？ ………………………………………154
- **Q62** 顧客から、8日以内なのでクーリングオフしたいといわれましたが、すべてに応じなければならないでしょうか？ ……………156
- **Q63** 顧客から、「商品がウェブページの記載と異なる」として、不実告知を理由にキャンセルしたいといわれましたが、応じなければなりませんか？ …………………………………………………158
- **Q64** 誰かが自分になりすまして契約したので支払わないといわれましたが、どうすべきでしょうか？ ………………………………160
- **Q65** どんなときに、ネットショップは顧客に対して損害賠償責任を負うのでしょうか？ ……………………………………………162
- **Q66** ネットショップの利用規約には、どんな事項を盛り込めばよいでしょうか？ ……………………………………………………164

第6章　販売トラブルをめぐる法律実務

- **Q67** 通信販売で商品を販売するときに注意すべき点を教えてください。……………………………………………………………168
- **Q68** 商品を買主に納品する途中で、運送会社のトラックが玉突き事故に巻き込まれて、商品が破損してしまいました。代金を請求できるのでしょうか？ ……………………………………………………171

- **Q69** 顧客に商品を分割払いで売る場合に、所有権留保付売買にするとよいと聞いたのですが、どのような方法ですか？　また、所有権留保付売買をする場合の注意点は何ですか？……………………174
- **Q70** 予定日に納品をしたのですが、買主に受取りを拒否されました。どうしたらよいですか？　代金は支払ってもらえるのでしょうか？……177
- **Q71** 顧客のお宅を訪問して営業をするときに注意すべき点を教えてください。………………………………………………………………………179
- **Q72** 業務にあたって取引先から委任状が必要だといわれました。委任状の作成はどのような形式でどのような点に注意をすればよいでしょうか？　また、委任をする際に気をつける点は何でしょうか？………184
- **Q73** 物品を一般消費者に対し販売するときに注意しなければならないことは何ですか？………………………………………………………187
- **Q74** 継続的に取引をしている相手先に取引の注文をしたいのですが、後々のトラブルを防ぐための注文の方法や、注文書の書き方とポイントを教えてください。………………………………………………190
- **Q75** 私は顧客宅を訪問してセールスを行う訪問販売のセールスマンですが、販売後にしばらく経ってから、顧客から「クーリングオフをする」といわれました。どのように対処したらよいのでしょうか？……192
- **Q76** 電話で営業をする場合に注意が必要な法的問題点を教えてください。………………………………………………………………………196

第 1 章

利益を守る法律実務

Q1

契約書や領収証には、どのような場合に収入印紙を貼らなければならないのですか？　また、印紙の貼付や消印を忘れた場合に、その文書の効力はどうなるのでしょうか？

A　ある程度以上の金銭の授受がある場合に、収入印紙を貼ることが法で義務づけられています。これを貼っていない文書でも、その文書の効力には何の影響もありませんので、契約書であれば有効な契約が成立しますが、印紙を貼らなかったり消印を怠ったりした場合は、印紙税法上の罰則を受けることもあります。

印紙は、契約書や領収証のほかに定款・手形・計画書といった書類にも必要になります。

1●印紙税とは

　契約書や領収証など、一定の課税文書を作成した場合には、印紙税法で定められた額の税金（印紙税）を納めなければなりません。この納め方は、収入印紙を購入し、これをその文書に貼り付け、消印をすることによります。

　消印は、通常、文書作成に用いた印鑑で、文書と印紙の境目あたりに押し、その印紙が使用済みであることを示します。

2●印紙を貼らなければならない文書と印紙税額

　では、どのような文書を作成した場合に、印紙を貼らなければならないのでしょうか。詳しくは印紙税法の別表に記載されていますが、ここでは、よく使われる文書について簡単にまとめておくことにします。

(1) 不動産や営業権の譲渡、土地の賃借権設定または譲渡、消費貸借に関する契約書

これは、不動産の売買や、お金の貸し借り（金銭消費貸借契約）、土地の賃貸借契約（建物の賃貸借契約は不要）など、比較的よく使われる契約書になります。以下のとおり、契約書記載の金額により、貼る印紙の額も異なります。なお実務上、原本1通に印紙を貼付し、相手方にはそのコピーを渡すという方法がとられます。

契約金額	印紙額
10万円以下（ただし1万円未満は非課税）	200円
10万円を超え50万円以下	400円
50万円を超え100万円以下	1,000円
100万円を超え500万円以下	2,000円
500万円を超え1,000万円以下	1万円
1,000万円を超え5,000万円以下	2万円
5,000万円を超え1億円以下	6万円
1億円を超え5億円以下	10万円
5億円を超え10億円以下	20万円
10億円を超え50億円以下	40万円
50億円を超えるもの	60万円
契約金額の記載のないもの	200円

(2) 請負に関する契約書

具体的な文書としては、工事請負契約書、広告契約書、工事注文請書などがあります。請負には、職業野球の選手、映画の俳優などの出演契約のほか、専属契約も含まれます。

契約金額	印紙額
100万円以下（ただし1万円未満は非課税）	200円
100万円を超え200万円以下	400円
200万円を超え300万円以下	1,000円

300万円を超え500万円以下 ＊以下は、(1)の場合と同じ	2,000円

(3) 約束手形または為替手形

　約束手形や為替手形には、手形金額に応じて印紙税が課されます。手形金額の記載がない手形は非課税ですが、金額を補充したときは、その補充をした人がその手形の作成者とみなされて納税義務者となります。

手形金額	印紙額
100万円以下（ただし10万円未満は非課税）	200円
100万円を超え200万円以下	400円
200万円を超え300万円以下	600円
300万円を超え500万円以下	1,000円
500万円を超え1,000万円以下	2,000円
1,000万円を超え2,000万円以下	4,000円
2,000万円を超え3,000万円以下	6,000円
3,000万円を超え5,000万円以下	1万円
5,000万円を超え1億円以下	2万円
1億円を超え2億円以下	4万円
2億円を超え3億円以下	6万円
3億円を超え5億円以下	10万円
5億円を超え10億円以下	15万円
10億円を超えるもの	20万円

(4) 合併契約書、分割契約書、分割計画書

　会社同士の合併や会社を分割する契約書、または新しく会社を分割する際の計画書がこれにあたります。1通につき4万円です。

(5) 定　款

　会社設立の際に作成される定款の原本につき、印紙が必要となります。1通につき4万円です。

(6) 継続的取引の基本となる契約書

　具体的な文書としては、売買取引基本契約書、特約店契約書、代理店契約書などがあります。1通につき4,000円です。

(7) 領収証等

　広く金銭や有価証券の受取書がこれにあたります。3万円未満のものは非課税、その他は(3)と同じです。

3●印紙を貼っていない文書の効力

　印紙税法上印紙の貼付が義務づけられているにもかかわらず、これを貼っていない文書でも、その文書の効力には何の影響もありません。契約書であれば有効な契約が成立します。印紙はあくまで納税をしたかどうかという税法上の問題です。

　もっとも、契約等の効力には影響はないのですが、印紙を貼らなかったり消印を怠ったりした場合は、印紙税法上の罰則を受けることになります。

　具体的には、印紙を貼らなかった場合、故意過失を問わず、納付すべき印紙額とその2倍に相当する額の合計金額が徴収されます（印紙税法第20条第1項）。また、消印を忘れた場合も、消印をしなかった印紙の額と同額の税が課されます（同条第3項）。さらに、偽りにより印紙税を免れようとした場合には懲役刑が科されることもありますから、注意が必要です（同法第22条以下）。

4●納税義務者

　作成者が納税します。契約書の場合は、たとえば原本を2通作成すると2通分というように、作成分の納付が必要になりますので、その負担割合を契約書中で定めておくことが大切です。通常は各自が負担することになるでしょう。印紙代を節約するために原本は1通にして、もう1通はコピーにする例も多く見られます。

Q2
会社にはたくさんの印鑑があるのですが、どのように使い分けたらよいのでしょうか？　また、印鑑を盗まれてしまった場合の対処について教えてください。

A 会社で用いられる印鑑の種類としては、①代表者印（社長印）、②社印、③銀行印、④担当者印等があります。また、印鑑の盗難、紛失があった場合は、速やかに然る機関に届け出る必要があります。

1 ●会社で用いられる印鑑の種類と効力

(1) 代表者印（社長印）

　会社が代表者印として、法務局に届け出た印鑑です。いわば会社の実印ということができ、最も重要な印鑑として、登記申請、株式発行、重要な契約等の際に押されることになります。

　通常は二重の同心円の外側の円に「○○株式会社」、内側の円に「代表者之印」として作成されるため、俗に「丸印」とも呼ばれます。

　なお、重要な契約の際には、この代表者印を押印し、印鑑証明を添付したりします。ですから、代表者印が押してあるからといって安心するのは早計です。重要な契約の場合は、相手方に印鑑証明書の交付を要求し、登録されている代表者印に相違ないか確認することが大切です。

(2) 社　印

　「○○会社之印」と記載された印鑑のことです。通常は四角い印であるため、俗に「角印」といわれます。

　通常は、請求書や領収証など会社の外部に発行する文書に押印します。代表者印と違って登録されているものではありませんので、必要不

印鑑の種類	主な用途	イラスト印(例)
代表者印（社長印） （丸印）	登記申請、株式発行、重要な契約　等	
社印 （角印）	主に行政機関への文書	
銀行印	預金の払戻し、小切手、手形振出し　等	――
担当者印	担当者に権限がある事項	

可欠というわけではありませんが、見栄えや慣習上押す例も少なくありません。行政機関に対する文書などでは押す例が多いようです。

(3) 銀行印

　銀行との取引の際に届け出た印をいいます。預金の払戻しや、小切手、手形の振出し等をこの銀行印で行うことになります。したがって、代表者印と同様に非常に重要な印章といえます。

　なお、「危険を２倍にすることはない」という考えのもと、代表者印を銀行印として届け出ている会社もあります。

(4) 担当者印

　部長や支店長などの担当者の役職名が入った印をいいます。担当者に権限がある事項であれば、その担当者の印だけで有効ということになります。もっとも、担当社印を押される相手方の立場に立った場合は、真

にその担当者に権限があるか事前にきちんと確認する必要があります。

2 ●印鑑の管理

以上のように、印鑑、特に代表者印や銀行印は非常に重要なものであることから、権限のない者が勝手に使ったりすることがないように、きちんとした管理規程を作成しておく必要があります。

規程には、使用する印章の種類・定義、印鑑の保管場所、保管責任者、押捺手続、印章が不要になった場合の破棄、盗難・紛失等があった場合の手続きなどを定めておきます。

また、印鑑簿を作成して、「いつ、誰が、どういう文書に、どういう印鑑を押したか」ということをきちんと記録しておくことも大切です。

3 ●盗難・紛失の場合の対応

民事訴訟法第 228 条第 4 項では、「本人又はその代理人の署名又は押印があるとき」は、その文書は真正に成立したものと推定すると規定されています。また、判例上、押印された印影が本人の印章と一致した場合は、本人の意思に基づいて押されたものと推定されることになります。したがって、盗まれた印章で勝手に押印された場合でも、文書の真正が推定されてしまうことになります（「二段の推定」：印影の一致→本人の意思に基づく押印の推定→文書の真正の推定）。

これに対しては、当該印章が盗難、紛失にあっていたこと等を反論して、その推定を破ることが必要になります。したがって、印鑑の盗難、紛失があった場合は、早期に届けを出しておくことが重要になります。

この場合、まず警察に届けを出して、盗難や紛失の日時を証明します。次に代表者印の場合は、法務局へ登録印の亡失届を出し、新しい印鑑を作成して改印届を提出します。銀行印の場合は、取引先の銀行へ紛失届を出し、新しい印鑑を作成して改印届を提出します。

Q3

不動産を買う際に、手付金として売買代金の10%を支払うように要求されました。手付とはどういうものでしょうか？ また内金とはどう違うのでしょうか？

A 手付とは、契約を結ぶ際に当事者の一方から他方に対して交付される金銭等のことです。代金の1割から2割程度のことが多いようです。一般に①証約手付、②解約手付、③損害賠償額の予定としての手付、④違約罰としての手付の4種類があります。
内金とは、単に先払いをした代金の一部をいいます。

1●手 付

(1) 証約手付

証約手付とは、契約成立の証拠としての手付です。どの手付でも、最低限この機能はもっています。

(2) 解約手付

解約手付とは、当事者の一方が手付を交付した場合に、交付した者は手付を放棄することで（手付損）、また交付を受けた者はその倍額を返還することで（手付倍戻し）、契約を解除できるという性質を備えた手付をいいます（民法第557条第1項）。

もっとも、この手付による解除ができるのは、当事者の一方が契約の履行に着手するまでです（同条項）。たとえば、不動産売買の買主が残代金を用意して登記手続に入っているような場合に売主の解除を認めると、買主はもう手付による解除はないだろうと期待して動いているのに、不測の損害を被るからです。したがって、自分が履行に着手してしまっていても、相手方がまだ履行に着手していない場合は、着手した側

は解除をすることができます。

　原則として、手付はこの解約手付としての性質を有しますから、この機能を奪い、手付による解約をできないようにするためには明確に特約で定めておく必要があります。ちなみに、宅地建物取引業者が自ら売主となる宅地・建物の売買契約の締結に関しては、宅地建物取引業者は代金額の２割を超える手付を受領できないとし、かつ手付はすべて解約手付とみなしています。消費者保護のために、特に契約の拘束力を弱めたものです（宅地建物取引業法第39条）。

　なお、手付の倍額の提供方法は、手付を放棄することとのバランスから、口頭で「返還する」といっただけではだめで、現実に交付されることを必要とするのが判例です。

(3)　損害賠償額の予定としての手付

　これは、当事者が債務不履行を行った場合は、実際の損害額にかかわらず、その手付の額を損害賠償額として支払うことで精算するというものです。実際の損害額がこの手付より大きい場合でも、この手付以外には請求ができません。逆に、小さい場合でも、裁判で金額を争うことなく一定額をとることができます。

　判例は、このような損害賠償額の予定として手付を交付するとの合意があった場合も、解約手付としての機能は有すると解しています。ですから、債務不履行がなくても、手付の放棄または倍返しにより、契約を解除することができます。

(4)　違約罰としての手付

　これは、前記「(3) 損害賠償額の予定としての手付」と異なり、債務不履行の際に、本来の損害賠償とは別に没収できるものです。債務をきちんと履行しなかった者に対する制裁の意味合いがあり、これにより履行を強制する意味をもっています。損害賠償額の予定としての手付と併せて、「違約手付」と呼ばれることがあります。

2●内　金

　内金の場合は、前記に見てきたような手付の諸機能は有していません。したがって、内金を放棄して解約したり、内金を違約罰として没収したりすることは、当然にはできません。

　一般に、内金は手付金よりも多額ですが、前述のとおり宅地建物取引業法では手付金は売買代金の2割以内と定められていることから、2割以内かどうかが一応の目安となり得ます。ただ、明確な線引きがあるわけではありませんので、契約の際には、どういう趣旨でこの金額が支払われたかを、明確にしておく必要があります。

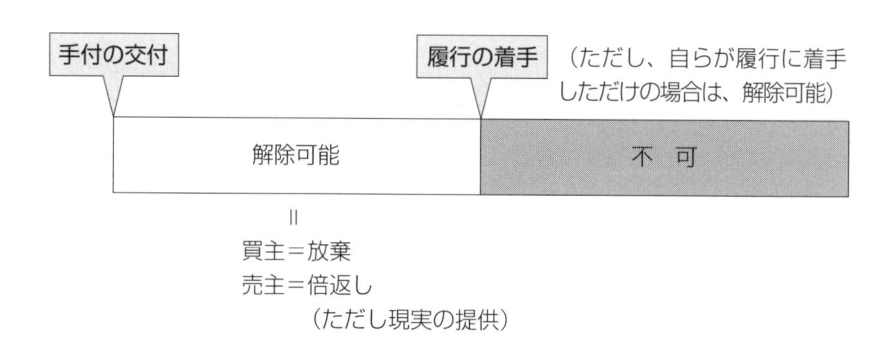

手付の交付	履行の着手	（ただし、自らが履行に着手しただけの場合は、解除可能）
解除可能	不　可	

　　　＝
　　買主＝放棄
　　売主＝倍返し
　　　（ただし現実の提供）

Q4

上司から、商品代の支払いがない相手に、内容証明郵便を出すようにいわれました。そもそも内容証明郵便はどのような場合に使うのですか？ また、その効果や作成方法を教えてください。

A 内容証明郵便とは、そこに書かれた内容の郵便を、確かに相手方に出したことを第三者機関（郵政公社）に証明してもらう郵便のことです。通常は、配達証明もつけて、いつ相手方に到達したかについても郵政公社に証明してもらい、確実に証拠を残すことで後日の紛争を防ぐために有効です。

1●内容証明郵便の用途

では、内容証明郵便はどのようなときに用いるのでしょうか。前述のように、法律上の効果が発生したことを確実に証拠として残せることから、後日の紛争を防ぐために用いられることが多くなっています。たとえば以下のような場合です。

(1) 貸金などの催告

お金を貸している相手や、売掛債権を有している相手方にお金を請求するときに、確実に請求した記録を残しておくために使います。請求したことで、以後、期限の利益を失わせ、遅延損害金を発生させることになるような場合は、きちんと記録に残しておくことが大切です。

また、内容証明郵便のような改まった形式で請求すると、相手方にこちらの強い意志を伝えることになり、警告的な効果を与えることもできます。

(2) 解除、取消しなどの通知

契約を解除する際には、一般的にあらかじめ「本通知到達後〇週間以

内に履行がない場合は契約を解除します。」などのように履行の期限を定めて催告する必要があります。このような催告をしたことの証拠を残しておくためにも、よく内容証明郵便が用いられます。

また、実際に契約を解除した場合、取り消した場合などにも、契約を終了させる証拠として、内容証明郵便で通知を出しておいたほうがよいでしょう。

(3) 債権譲渡通知

債権譲渡の際に、債権を譲り受けたことを第三者に対抗するためには、民法上確定日付のある証書による債務者への通知または承諾を備える必要があります（民法第467条）。この「確定日付のある証書」としては、配達証明付の内容証明郵便が用いられます。

なお、譲渡人が債権を二重に譲渡してしまった場合に、譲受人の両方が確定日付のある証書で通知をした場合に、その確定日付の先後ではなく、債務者に到達した日時の先後で優劣を決するというのが判例です。債務者が認識した時点を基準にするという考え方です。債権譲渡を受けた場合には、速やかに通知を出すことが大切となります。

(4) その他紛争の際の警告など

その他にも、騒音問題や境界争いなどの紛争が生じた際に、相手方とのやりとりを明確にしたり、「○○日以内に履行がない場合には、法的手段に訴えます。」などと記載して相手方を威嚇したり、警告を与えたりするために使われる場合もあります。

2●内容証明郵便の出し方

内容証明は以下のような決まりを守った上で、郵政公社を利用して出すことができます。

(1) 字　数

字数は、520字以内です。一枚の用紙に横書きなら「20字×26行」または「13字×40行」、縦書きなら「20字×26行」以内で構成しま

す。市販の内容証明郵便用の用紙を使っても構いませんし、ワープロ、手書きのいずれでも構いません。句読点や記号も1字として計算します。
(2) 氏名・印鑑等
　名宛人の住所・氏名および発信人の住所・氏名・押印、そして日付を記載します。
　数枚にまたがる場合は、ページのつなぎ目に印鑑（契印）を押します。
(3) 通　数
　同じものを3通用意します。相手方、郵政公社、自分の控え、の3つです。相手方が多ければその数だけ増やします。その他に、内容証明郵便中に記載したものと同一の住所・氏名を記載した封筒も受取人の数だけ用意します。

3●注意点

　注意しなければならないのは、内容証明郵便は、その書かれた内容が真実かどうかまで保証するものではなく、当事者の一方的な主張にしか過ぎないということです。したがって、相手方（受け取る側）についていえば、内容証明郵便が届いても、それだけでおびえてしまわずに、その内容に身に覚えがなければ、しっかりと反論し、場合によっては裁判で白黒をつけることが大切です。すなわち、内容証明郵便を出した側は、相手が任意にこちらの要求に従わなければ、裁判になることは覚悟しておかなければなりません。
　また、内容については特に決まりはありません。市販のひな形を参考にしてもよいのですが、その事例にあった必要かつ十分な内容をよく吟味して記載することが大切です。

4●料　金

　料金は、①内容証明料＋②通常郵便物の料金＋③書留料になります。①の内容証明料は1枚420円で、1枚増すごとに250円ずつ加算されます。その他の詳細は、郵政公社窓口で確認してください。

第2章

各種代金の請求実務

Q5
顧客と契約をする前に、顧客について何を調査すべきでしょうか？

A まず、契約当事者が自然人（個人）であるか法人であるかを調査します。特に当事者が法人である場合は、法人の実在性、代表者、信用性を、資産や経営状態から調べます。

1●調査の必要性
確かに、迅速性が要求される今日、できる限り早期に顧客と契約を締結することは非常に重要なことです。

しかし契約締結後、その顧客が、実はこの世に存在していなかったり、別の法人や人間だったりした場合は代金の支払いに重大な影響を与えることは必至です。また、その顧客からの代金が支払われなくなったらあなたの会社は大打撃を受ける可能性があります。

そのため、契約の締結前に慎重に顧客の調査をすることは非常に重要なものとなってくるのです。

2●調査事項
(1) 契約の相手方の性質の調査

まず、契約当事者となる者が自然人（個人）であるか法人であるかについて調査をすることが必要となります。これを確認することにより、その当事者の経済的信用等を確認することができるとともに、以下で述べるようなそれぞれに応じたさらなる調査事項が生じてくるからです。

　① 契約の相手方が自然人の場合

　　たとえば、未成年者かどうかなどです。未成年者が契約等の法律行為を行う場合、原則として親権者等の法定代理人の同意が必要とさ

れ、この同意なく契約を締結した場合には、その法律行為は取り消すことができます（民法第5条）。そこで、相手方が未成年者の場合、法定代理人から同意書等の書面を徴求し、同意の事実を確認しておくことが必要となります。

　なお、法定代理人の確認は、戸籍謄本で調査することができるため、契約に先立ち、戸籍謄本の提出を求めることがよいでしょう。

② 契約の相手方が法人の場合

　ア　法人の実在性

　　まず、法人が相手方となる場合、その法人が実在しているか否かを確認する必要があります。

　　この会社の実在性は、その会社の全部事項証明書（登記簿謄本）を相手方の法人から徴求することにより確認することができます。

　イ　契約締結権限の有無

　　法人が相手方となる場合には、代表取締役等の代表者が法人を代表して契約することになり、代表者でない者が締結した契約等は原則として無効となります。そこで、契約を締結するに先立ち、その法人の代表者が誰であるかを確認する必要があります。これも、その法人から全部事項証明書を徴求することにより確認することができます。

③ 代理人の場合

　契約書に記名押印をする人間が、契約当事者本人ではなく、本人の代理人と称する人間であることがあります。この場合、その人間が実は契約締結の代理権を有していなかった場合には、一定の法律上の例外を除けば、その契約は本人に効力を及ぼさないため、あなたの会社は本人たる顧客に対し代金請求をすることができなくなってしまいます。

　そこで、代理人と称する者に真実代理権があるか否かを調査するため、本人の記名押印がある委任状を提出させるとよいでしょう。

(2) 相手方の信用

　次に、顧客の信用を調査することが必要でしょう。顧客の代金の支払いに直結する事項だからです。そこで、以下では信用調査の対象および方法について検討します。

① 調査の対象

ア　顧客の信用調査にあたっては、その顧客が所有している資産内容（不動産、預貯金、有価証券等）とその所在を確認することが必要です。ここで、顧客自身にめぼしい資産がないような場合には、たとえば法人であれば代表者個人など資産を有している人間を連帯保証人とするなどして、少なくともその信用不足を補完することが必要です。

イ　また、当該顧客と継続的に取引をしていくような場合には、継続的に代金の支払いなどをしてもらうわけですから、その顧客の経営状態を調査することが必要です。法人の場合、いくら資産があっても業績が著しく悪化していれば、その資産はあっという間に散逸し、代金の支払いが滞ることも考えられるからです。

② 調査方法

　上記信用の調査にあたっては、当該顧客の確定申告書や有価証券報告書の提出を求め、これを検討した上で、疑問点などを直接会社の代表者や経理担当者に対し聞き取り聴取することなどにより調査することが有益でしょう。また、本店所在地や役員の住所地の登記簿謄本・抄本をとってみる方法もあります。なお、信用調査会社の資料等を確認することも一つの手段ではあります。しかし、これのみを信用するべきではなく、あくまでも生の情報に接し、自ら調査することが非常に重要です。

Q6
契約書の内容、その他契約書と作成書類を作成する上での実務上の注意点は何でしょうか？

A いかなる商品が、どのようなルートを経由して顧客の元に届けられ、その代金がどのような手順・方法で回収されるのか等について、また顧客との間に生じ得るリスクに対応できるよう、できる限り詳細に、一義的な文言で記載する必要があります。

1●契約書の必要性

あなたが獲得した顧客に対し商品を販売しようとした場合、商品の引渡時期、代金の支払時期等、様々なことを顧客との間で決めておかなければなりません。しかし、その取決めを口頭で行っただけでは、記憶違いや誤解等により後日、顧客から約束もしていないようなことを請求されるなどの危険性があります。

そこで、顧客との約束の内容を書面に記載することで明確化し、顧客との無用なトラブルを防止するため、また万が一トラブルが生じたときのそれを解決するための拠り所とするために、契約書は非常に重要なものとなるのです。

2●注意点
(1) 契約書に記載すべき事項の確認

契約書を作成するにしても、その前提として、契約書に記載すべき顧客との約束の内容を確定させなければなりません。約束事が決まっていなければ当然のことながら、それを契約書において文章の形にすることはできないからです。

そのため、顧客との取引において、いかなる商品が販売され、その商品がそのようなルートを経由して顧客の元に届けられ、そしてその代金はどのような手順・方法で回収されるのか等について、できる限り詳細な業務フローを作成し、その中でどのようなリスクが顧客との間で生じ得るのかを具体的に検討することが必要です。

そして、その生じ得るリスクを回避するために、いかなる約束を顧客との間でしておくべきかを決めることが必要です。これが決まって、初めて契約書を作成することができるようになるのです。

今日、様々な契約形態について契約書のひな形が存在しています。しかし、それはあくまでも「ひな形」であり、あなたが販売しようとする商品についてそのまま妥当するものではない可能性が高いものです。

したがって、その「ひな形」を参考にしながらも、あなたの会社の個性に応じた形で、契約書は作成していかなければなりません。

(2) 契約書の文言

契約書に記載すべき事項と内容が決まったら、それを契約書に記載することになりますが、その際に注意すべきことは、多義的な解釈を許すような言葉を極力用いず、正確な表現を用いるべきです。

契約書は先ほど述べたとおり、顧客との後日の紛争の回避や解決のための拠り所となるものです。そして、最終的にはトラブルが生じ訴訟等に至った場合には証拠として裁判所がその契約書を調べることにより、原告・被告のどちらの言い分が正しいか等を判断することになります。

そのため、顧客との間で、後日その記載の内容について誤解を生じさせるような記載をすれば、結局その契約書はトラブルの回避・解決の拠り所とはなり得なくなってしまいます。

そこで、全くの第三者たる裁判所にも明確にその契約書の内容が理解できるように、一義的で正確な文言を使用するようにし、多義的な解釈を許す可能性がある文言を使用する場合には、あらかじめその契約書中でその文言をしっかりと定義しておくべきです。

【金銭消費貸借公正証書（例）】

金銭消費貸借公正証書

第1条　債権者□□□□は平成○年○月○日金○○○万円を債務者○○○○に貸し渡した。

第2条　債務者○○○○は以下の事項を約することに同意した。

第3条　債権者は、債務者に対し第1条の借入金を平成○年○月○日限り債権者の指示する銀行口座に振り込む方法で弁済する。なお、振込手数料は債務者の負担とする。

第4条　利息は年○％と前条の支払時効に債権者の指示する銀行口座に振り込む方法で支払う。

第5条　期限後又は期限の利益を失った時は、以後完済にいたるまで日歩金○％の遅延利息を支払うものとする。

第6条　以下の場合には、債権者からの通知無くして当然期限の利益を失い直ちに元利金を完済すること。
・利息を期限に支払わないとき。
・他の債務につき強制執行を受けたとき。
・他の債務につき民事再生、会社更生又は特別清算の申立てがあったとき。

第7条　保証人は、本契約による債務者の債務を保証し、主たる債務者と連帯して債務を履行することを約した。

第8条　債務者及び連帯保証人は、本契約による金銭債務を履行しない時は直ちに強制執行に服することを約した。

(3)　公正証書

　公正証書とは、金銭の支払いまたは有価証券の給付を目的とする請求について公証人が作成した文書をいいます。そして、その書面に債務者が直ちに強制執行に服する旨の陳述が記載されているものを「執行証書」と呼びます。契約書を作成することにより、契約をした事実やその契約の内容が明確になり、後日の紛争の防止等に役立つことになることは前述のとおりです。

しかし、さらに一歩進んで、裁判官や検事などの職務経験がある「公証人」が上記書面を作成すれば、より契約の事実およびその内容が明確になり、訴訟等に至った場合でもその証明力は強固なものとなります。また前述のように、書面に債務者が直ちに強制執行に服する旨の陳述が記載されている場合には、訴訟を提起する必要なく強制執行をすることができるようになります。

　なお、公正証書の作成は、全国に存在する公証役場のうちどこでも可能で、また、代理人を立てることも可能です。ちなみに、費用は下記の通りです。

目的の価額	手数料
100万円まで	5,000円
200万円まで	7,000円
500万円まで	11,000円
1,000万円まで	17,000円
3,000万円まで	23,000円
5,000万円まで	29,000円
1億円まで	43,000円
3億円まで、5,000万円ごとに13,000円加算	
10億円まで、5,000万円ごとに11,000円加算	
10億円超は、5,000万円ごとに　8,000円加算	

Q7
契約書の体裁、その他契約書を作成する上での形式上の注意点は何でしょうか？

A 顧客との約束を書面化したものには、契約書、覚書、念書、合意書、協定書など様々な題名が付されていますが、実務上は、「売買契約書」「賃貸借契約書」等のように、契約の種類に応じた題名を付すことが多いようです。

・・

1 ● 契約書の形式

これまで述べてきたとおり、契約書は、顧客との後日のトラブルの防止および解決のために非常に重要な役割を果たすものです。ただし、その体裁・形式にこれといった決まりがあるわけではないので、その役割を果たすことができるのであれば、当事者が自由に作成することも可能です。

しかし実務上は、契約書を作成するについては、一定の慣習といえるような形式が存在し、大半がその形式に則って作成されています。

そこで、契約書の内容とは別に契約書を作成する上での形式上の注意点を以下で検討することとします。

2 ● 契約書の種類

(1) 契約書の題名

顧客との約束を書面化したものには、契約書、覚書、念書、合意書、協定書など様々な題名が付されています。しかし、この書面の題名の違いにより、顧客との約束の効力に影響はなく、いかなる題名をつけるかは当事者の自由です。

もっとも、実務上は、「売買契約書」「賃貸借契約書」等のように、契約の種類に応じた題名を付すことが多いようです。また、比較的簡易な取決めを記載したり、契約書を補足したりする場合に「覚書」という題名の書面を作成することが多いようです。

(2) 契約書の体裁

　契約書を作成する際には、以下のような体裁によることが一般的です。

① 前文

　先ほどの題名に続き、その契約書がどのような目的で、いかなる事項について規定しているものなのかについて、簡略に記載します。

② 規定の仕方

　前文の後、本題の契約事項を記載することになりますが、契約事項は、たとえば以下のように記載することが一般的です。

（契約の解除）

　第2条　甲又は乙において下記各号の一つにでも該当したときは、相手方は何らの催告なくして直ちに本契約を解除することができる。

なお、この解除は損害賠償の請求を妨げない。

　(1) 本契約に違反したとき
　(2) 手形、小切手を不渡りにする等支払停止の状態に陥ったとき
　(3) 仮差押え、差押え、仮処分、競売等の申立てを受けたとき
　(4) 破産、民事再生、会社更生、特別清算等の手続き申立てを受けたとき又は自ら申立てをしたとき
　(5) その他各号に類する不信用な事実があるとき

　以上のように、内容を整理してわかりやすくするために、契約の内容ごとに「第1条、第2条、第3条…」と条文の番号を付して、記載します。なお、その条文で記載している事項について簡単なタイトル（上記例では、（契約の解除）という記載を指す）を記載するとよりわかりやすくなります。

【商品売買契約書（例）】

商品売買契約書

　売主〇〇〇〇株式会社（以下「甲」という）と、買主〇〇〇〇株式会社（以下「乙」という）は、商品の売買に関し、次の通り契約を締結する。

第1条（商品の特定）　目的となる商品（以下本商品）は、次の通りとする。
　① 品名
　② 数量
第2条（代金）　本商品の単価は、金〇〇〇〇円とする。
　2　売買代金は、総額金〇〇〇〇円とする。
第3条（納入条件）　甲は、本商品を、平成〇〇年〇〇月〇〇日、乙の指示する場所（〇〇県〇〇市〇〇町〇〇丁目〇〇番〇〇号）に持参して納入する。なお、納入に要する費用は甲が負担する。
第4条（検査及び受渡）　乙は前項による本商品の納入後直ちに受入検査を行う
　2　前項の検査は、前条の納入時に甲及び乙の各係員が立会の上、外観、数量を確認することにより行う。
　3　商品の引渡しは、前項の検査終了と同時に完了するものとする。
第5条（代金の支払）　売買代金は、前条の引渡しが完了した日の属する月の翌月末日限り甲の指示する銀行口座に振り込む方法で支払う。なお、振込手数料は甲の負担とする
第6条（所有権の移転時期）　本商品の所有権は、第4条の本商品の引渡支払完了と同時に乙に移転する。
第7条（危険負担）　本商品の引渡後に生じた物品の滅失、毀損、盗難については、乙の負担とする。
第8条（解除）　甲又は乙が本契約に違反したときは、相手方は催告を要せず、直ちに契約を解除し、その損害を賠償することができる。
第9条（合意管轄）　本約款に関して生じる一切の紛争については、〇〇地方裁判所をもって第一審の専属的合意管轄裁判所とする。

　本契約の成立を証するために本書2通を作成し、甲乙各1通を保持する。
　　　平成〇〇年〇〇月〇〇日
　　　　　　　　　　　　〇〇県〇〇市〇〇町〇〇丁目〇〇番〇〇号
　　　　　　　　　　甲　〇〇〇〇株式会社
　　　　　　　　　　　　代表取締役　〇　〇　〇　〇　　　㊞
　　　　　　　　　　　　〇〇県〇〇市〇〇町〇〇丁目〇〇番〇〇号
　　　　　　　　　　乙　〇〇〇〇株式会社
　　　　　　　　　　　　代表取締役　〇　〇　〇　〇　　　㊞

また、1つの条文の中で、さらに細目を分けるときは、「1、2、3…」と「項」を付します。また、さらに同一条項の中で、いくつかの場合について列挙する場合には「(1)、(2)、(3)…」と「号」を付します。

③ 後　文

すべての契約条項を記載した後、以下のような記載をします。

> 本契約締結の証として本書2通を作成し、各自記名捺印の上それぞれその1通を保有する。

④ 契約日付

その上で、契約をした日付を記載することになります。当該契約がいつ締結されたのか、契約の有効期間が満了しているのではないか等について、当事者間でトラブルになることが多いことから、契約日付を明確にしておくことは意外に重要な記載です。

⑤ 当事者の記名押印

最後に、契約当事者の記名押印（捺印）をすることになります。これについては、署名でもよいですが、日本では、慣習上、記名押印をすることが多くなっています（→ **Q8**）。

そして、この記名押印においては、当事者の住所と氏名を記載することになります。

Q8

契約の際に署名や記名捺印をしますが、効力に違いはあるのでしょうか？　また、訂正印の押し方、その他押印の方法等を教えてください。

A

契約を成立させる場合に、署名でも捺印でも文書自体の効力に変わりはありません。

拇印や書き判という方法もありますが、より確実にするためには、署名と記名捺印の両方の方法をとることがもっとも好ましいといえます。その他、契印、割印、捨印等、契約の種類や状況に応じて使い分ける必要もあります。

....

1 ●署名と記名捺印

(1) 署名・記名捺印とは

契約を成立させる場合にとる方法としては、末尾に署名または記名捺印をする方法があります。

署名とは、本人自らが手書きでサインをすることです。記名捺印とは、ワープロやゴム印など手書き以外の方法で名前を記載し（記名）、その後に捺印をすることです。記名だけでは本人特有の痕跡が残らないので、捺印をあわせて要求しているのです。

(2) どちらがよいのか

欧米をはじめとする諸外国や国家間の合意文書では、署名により調印をします。この点、署名は後で筆跡鑑定をすれば本人のものかどうかはわかりますが、印章は盗んだ場合や、他人が勝手に買ったものでも押すことが可能ですので、署名のほうが確実に本人自身が調印したことを証明できるといえます。

よく見栄えの点から、ゴム印等で記名し、その後捺印する方法が多いようですが、証明力の点では署名のほうが勝ります。したがって、できる限り署名をするほうが好ましいといえるでしょう。

ただ、日本では正式な文書には印鑑を押す習慣がありますので、署名だけだと「印鑑の押し忘れ」の文書ととられかねない危険があります。そこで一番確実な、「署名捺印」の方法をとるのが、最もよい方法だと思われます。

(3) 拇印・書き判とは

拇印とは指先に朱肉をつけて押して指紋を残すことをいいます。また、書き判とは、手書きでその人の氏名などを書き、その字の周りを囲んでサインするものです。

では、記名のあとに、この拇印や書き判をした場合に、「記名捺印」として認められるのでしょうか。手形や小切手は厳格な方式が要求されますので、拇印や書き判では記名捺印としては認められないとするのがこれまでの裁判例です。手形ほどの厳格な方式が要求されない契約では、拇印や書き判で本人の意思が確認できるとも思われますので、全く無効というわけではないでしょう。ただ、上記手形の場合に準じて、できるだけこれらの方法は避けるのが好ましいでしょう。

2 ●契約の際に押捺される印影の種類

(1) 契 印

契約書などの文書が数枚にまたがるとき、それらの文書が一体であることを示すために、文書と文書の綴り目に押捺する印影をいいます。後にバラバラになってわからなくなったり、差し替えられたりすることを防止する役目を果たします。

なお、文書の枚数が多くなった場合は、各綴り目に契印をいちいち押すのは面倒です。そこで、このような場合は、数枚の文書を帯で袋とじにし、裏表紙と帯との境目に1か所だけ契印を押します。

契印に用いる印章は、文書の署名や記名部分に押すものと同一のものを使用します。契約書の場合は両当事者の印が必要となります。

(2)　割　印

　2つ以上の独立した文書について、その文書が関連性を有することや同一であること等を証明するために、その文書間にまたがって押される印をいいます。契印が「同一」の文書間の一体性を示すために押されるのに対して、割印は「独立」した文書間のつながりを示すために押される点で異なります。

　割印は単に文書間のつながりを示せればよいので、署名等に用いた印である必要はありません。

(3)　訂正印

　文書の字句を訂正するときに使います。訂正箇所に二重傍線を引き、横書きならその上、縦書きならその右に訂正後の字句を記載します。そして、当該傍線部または欄外に押捺します。欄外の押捺の横には「○字加入」「○字削除」と記載します。

　訂正印に用いる印章は、文書の署名や記名部分に押すものと同一のものを使用します。契約書の場合は両当事者の印が必要となります。

(4)　捨　印

　後で訂正したい箇所が生じた場合に、改めて訂正印を押す必要がないように、あらかじめ欄外に押しておく印影をいいます。訂正の仕方は、上記(3)と同様になります。用いる印章は当然、署名等で用いたものと同一でなければなりません。

　なお、捨印を押すと、相手方に自由な訂正を許すことになりますので、よほどの信頼関係がある場合以外は、押すことは避けるべきでしょう。

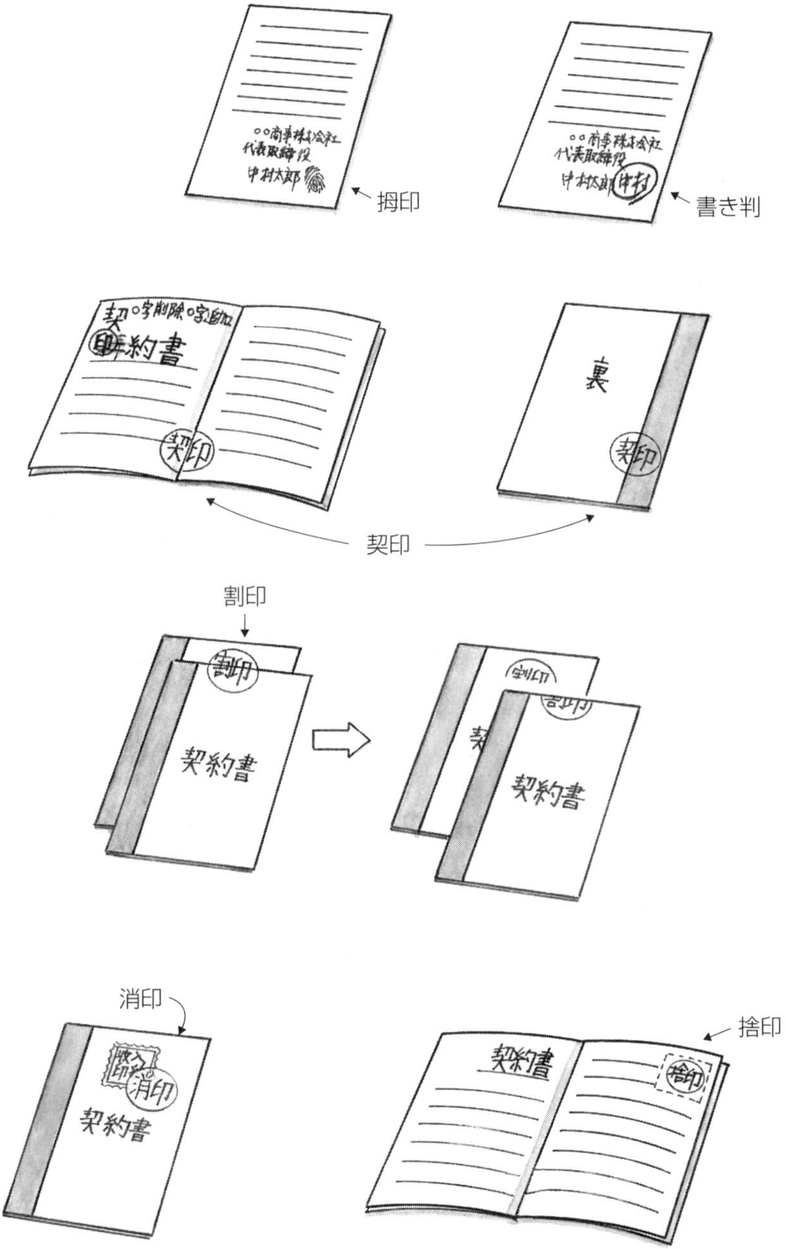

拇印
書き判
契印
割印
契約書
消印
捨印

Q9
顧客への代金の請求は、どのような方法で行えばよいでしょうか？

A 一般的なのは請求書の作成・送付です。請求書には、支払金額とその内訳や支払方法を明記し、支払期日を記載して顧客の便宜をはかることも有益です。それでも支払いがないときは、電話や内容証明郵便での請求も考えられ、協議の結果、各種法的手続により請求しなければならないケースに発展する場合もあります。

・・

1●代金の請求

あなたが商品を販売した顧客に対しては、当然のことながらその代金を支払ってもらわなければなりません。この点、契約において、代金の支払期限および支払方法が決められており、顧客がそれに従って、任意に支払っている場合には何ら問題はありません。しかし、顧客が任意に支払ってこない場合には、こちらから何らかの請求をする必要があります。

2●代金の請求方法

(1) 請求書による請求

まず、企業間取引において請求の方法として最も一般的なのは、請求書を作成し、これを顧客宛に送付することでしょう。

企業の中には、代金を支払いたくても請求書が送付されてこない限り会社内で支払いの手続きができず、その結果支払いが事実上遅れてしまうこともあるようです。

ただし債務者は、請求書を発行しなくとも契約で決められた支払期限が到来すれば、代金を支払う義務が生じますので注意が必要です。

(2) 請求書の様式

請求書は、いつ、誰に対して、いかなる名目の金銭を、いつまでに、

どこに支払うかを明確にすることで、顧客の便宜を図ることができます。

そこで、請求書には、あなたの会社の表示とともに、請求書の作成日付、請求先の宛名、請求金額、請求金額の明細、支払期限および支払方法を明示することが有益です。

(3) 電話による請求

通常は、請求書を顧客に送付すれば、代金の支払いは円滑になされることになるでしょう。しかし、場合によっては、請求書を送付しても代金を支払ってくれない場合があります。このときは注意が必要です。なぜならば、この場合には通常、顧客の資金繰りが悪化し、代金を支払いたくても支払えない状況に陥っている可能性があるからです。

そこで、電話により顧客と直接話すことにより、支払いが滞っている理由等を聞き出し、今後の対応を検討する材料にすることは有益です。そして、支払い遅延の理由がうっかり失念していただけではなく資金繰り悪化等の事情からのものであった場合には、即時に代表者等に面談をし、今後の代金の支払いについて協議し、場合によっては各種法的手続を取ることを検討しなければならないでしょう。

(4) 内容証明郵便による請求

また、顧客に対して、より強い代金請求の意思を表示し、顧客に対し心理的圧力をかけて代金を支払わせる方法として、内容証明郵便による請求を行うことが考えられます。この内容証明郵便は、決められた一定の様式に従って作成されるものですので、あえてそのような様式で作成してまで請求しているという点で、顧客に対し一定の心理的圧力を加えることができます。

また、内容証明郵便による請求には、催告の効果があり（民法第153条）、6か月以内に訴訟を提起することになりますが、後日の訴訟等においてその時効中断の事実の証拠になるという意味でも口頭による請求とは異なった効果がある請求方法となります（→ **Q4**）。

Q10

顧客に代金を請求したところ、「支払いを待ってほしい」といわれました。どのように対応したらよいでしょうか？

A まず、当該顧客の資産状況を調査する必要があります。資金繰りが悪化していて回収が難しい場合は、不動産などの資産の有無を確認し、法的手続をとることも考えられます。また、分割払いなどで少しでも回収できるようにし、同時に連帯保証人や第三者の資産を立てて抵当権などの担保権をとっておくと有益です。今後の支払いに対しても、契約書は交わしておくとよいでしょう。

1●顧客の支払遅延

顧客からの代金支払いが遅延したときは、あなたの会社にとって非常事態です。万が一、当該顧客から支払いがなされなかったときは、その金額いかんでは、あなたの会社の経営自体にも深刻な影響を与える可能性があります。あなたの会社も他の会社に対する代金等の支払いの必要性があり、その支払代金の原資が、上記顧客に販売した商品代金であるような場合などです。その結果、最悪の場合、あなたの会社自体の経営が立ちゆかなくなってしまうことも考えられます。

そこで、顧客からの支払い遅延の事態に対しては、的確に対応する必要があります。

2●支払遅延に対する対処

(1) 迅速な対応の必要性

顧客が支払い遅延をした際に、一番重要となってくるのは「迅速性」です。顧客が支払いを遅延しているときは、その顧客は資金繰りが悪化

しているときが大半です。そのため、あなたの会社以外に対しても同じように支払いを遅延していることが考えられます。そのときに、他の会社よりも一歩でも早くその顧客から支払いを受けなければ、最終的に支払いを受けられなくなるおそれがあります。そこで、迅速に対処することが何よりも必要となります。

(2) 顧客の資産状況の調査

　顧客が支払いを遅延したことは、先ほども述べたとおり資金繰りが悪化していることが強く疑われます。そこで、当該顧客の資産状況を調査する必要があります。この調査方法についても、前述のとおりです。

　そして、顧客に現金がなくても、不動産等の資産がある場合には、仮処分等の法的手続に踏み切るか否かを検討することになります。

(3) 支払方法についての協議

　その上で、顧客の会社に不動産等のめぼしい資産がなかったり、あったとしても法的手続に踏み切ったりしたくない場合には、当該顧客と今後に代金の支払いについて協議することになります。

　この点、すでに代金の支払期限が到来している以上、あなたの会社としては一刻も早く一括して支払って欲しいと考えるのが通常でしょう。しかし、顧客は資金繰りが悪化していてそのような支払いに応じられる状況にはありません。それにもかかわらず、あなたの会社が早期の一括払いにこだわりすぎると、最悪の場合、顧客は破産申立を行うことも考えられます。そうなれば、結局、代金をほとんど支払ってもらえなくなってしまうことも考えられます。

　そこで、このような顧客に対しては、強気の請求も当然必要ですが、一方で、顧客の事情を配慮して一定の譲歩をすることがかえって有効な場合もあります。たとえば、代金を一括払いするには、顧客の資金は不足しているが、毎月一定程度の金額を定期的に支払っていく程度の余力は残っていて、あなたの会社もそれにより大きな損失を受けないような場合には、代金の分割払いを顧客に確実にさせることで最小限の被害に

【商品代金債務につき分割払いの給付を約する例（和解合意書）】

> 売主○○と買主○○とは下記の紛争について以下の通り合意した。
> 記
> 売主○○が買主○○に対し、以下の商品を代金○○円で販売し、平成○年○月○日に同商品を引き渡したが、買主○○はその代金支払期限である平成○年○月○日を経過した後も上記代金を支払わないため、売主○○が買主○○に対し同代金を請求した件
> 1　買主は、売主に対し、本件商品○○の代金として○○円及びこれに対する平成○年○月○日から支払済みまで年６パーセントの割合による遅延損害金の支払い義務があることを認め、これを、次の通り分割して売主の指定する銀行預金口座に振り込む方法で行う。なお、振込手数料は、買主の負担とする。
> 　(1)　平成○年○月○日限り　　金○○円
> 　(2)　平成○年○月○日限り　　金○○円
> 2　買主が前項の支払いを一回でも怠ったときは、当然に期限の利益を喪失し、買主は、売主に対し、残額を直ちに支払う。
> 3　買主及び売主は、本合意書に定めるほか何ら債権債務がないことを相互に確認する。
> 4　訴訟費用は各自の負担とする。

とどめることができます。ただし、相手の事情に応じて譲歩だけをしてもあなたの会社にとってメリットはないのですから、分割払いの合意に応じる一方で、新たに資産のある人間を連帯保証人にしたり、顧客や第三者の資産に抵当権などの担保権を設定したりすることが有益でしょう。

(4)　支払方法

　その上で、顧客と今後の支払いについての合意が成立した場合には、その合意の内容を契約書と同様に書面化しておくことが重要です。この合意書には、顧客が支払う金額、支払期限（分割払いであれば、毎月いつまでにいくらをどのように分割して支払うか）および支払方法を明記しておくことが必要でしょう。

Q11
顧客に対して度々代金の請求をしましたが、支払ってもらえません。このまま放置しておくと時効になってしまうと聞きました。時効はどのような場合に生じるのですか？ また、時効にならないためにはどのように対応したらよいでしょうか？

A 債権の種類によって消滅時効の期限は変わってきますが、まず、時効の中断をする必要があります。中断が生じる事由として民法は「請求」、「差押え、仮差押え又は仮処分」および「承認」を規定しています。

……………………………………………………………………

1 ● 消滅時効

消滅時効とは、一定期間権利が行使されなかったことにより、その権利が消滅する制度をいいます。この時効制度は、長期にわたって継続した事実状態を法律上も尊重することにより法律関係の安定を図るとか、「権利の上に眠る者」は法の保護を受けるに値しないとか、長期にわたる権利の不行使によって、権利関係の存在について立証が困難になることを回避することを根拠に認められています。

この消滅時効については、法律上以下のとおり定められています。

① この消滅時効にかかる権利については「債権」および「債権又は所有権以外の財産権」とされています（民法第 167 条）。商品代金の支払請求権は、まさに「債権」ですので消滅時効にかかる権利にあたることになります。

② 消滅時効のかかる期間については、「債権」については原則として 10 年（民法第 167 条第 1 項）とされていますが、法律上それよりも短期間で消滅時効にかかるものとされているものがあります。た

とえば、「生産者、卸売商人又は小売商人が売却した産物又は商品の代価に係る債権」については2年で消滅時効にかかるものとされています（民法第173条第1号）。また、商法上、「商行為によって生じた債権」は原則として5年で消滅時効にかかるものとされています（商法第522条）。

③　消滅時効の起算点ですが、「権利を行使することができる時」（民法第166条第1項）とされています。したがって消滅時効は、通常は契約で定められた代金支払時期から進行することになります。

以上のとおり、顧客が代金を支払われない場合に、そのままあなたの会社がそれを放置しておくと、代金を請求できなくなってしまう可能性があります。そこで、以下では、そのような事態に陥らないようにするための方法について検討します。

2●消滅時効を生じさせないための対応—時効の中断

消滅時効にかからないようにするためには、時効の中断を行うことが必要です。時効の中断とは、債権者がこれを行うと、それまでに進行した時効の期間がゼロになり、中断の事由が終了した時から新たに時効の進行が始まることになる制度です。

この時効の中断が生じる事由として民法は「請求」、「差押え、仮差押え又は仮処分」および「承認」を規定しています（民法第147条）。

(1)　請　求

「請求」には、裁判上の請求（民法第149条）と裁判外の請求である「催告」があります。裁判上の請求により、その代金債権の存在が確定した場合には、その債権の消滅時効は、その裁判が確定した時から10年になります（民法第157条第2項）。

一方、「催告」については、6か月以内に裁判上の請求等をしなければ時効の中断の効力を生じないものとされており（民法第153条）、また、「催告」は繰り返すことができないので、裁判上の請求等を行うま

でのいわばつなぎの役割を果たすのみであることに注意しましょう。さらに、「催告」を行った事実を明確に立証できるようにするために、配達証明付内容証明郵便により行うとよいでしょう。

【主な債権の消滅時効期間】

債　　権	消滅時効期間
原　則	10年 （民法第167条第1項）
商事債権	5年 （商法第522条）
工事の設計、施工又は監理を業とする者の工事に関する債権	3年 （民法第170条第2号）
生産者、卸売商人又は小売商人が売却した産物又は商品の代価に係る債権	2年 （民法第173条第1号）
自己の技能を用い、注文を受けて、物を製作し又は自己の仕事場で他人のために仕事をすることを業とする者の仕事に関する債権	2年 （民法第173条第2号）
学芸又は技能の教育を行う者が生徒の教育、衣食又は寄宿の代価について有する債権	2年 （民法第173条第3号）
自己の労力の提供又は演芸を業とする者の報酬又はその供給した物の代価に係る債権	1年 （民法第174条第2号）
運送賃に係る債権	1年 （民法第174条第3号）
旅館、料理店、飲食店、貸席又は娯楽場の宿泊料、飲食料、席料、入場料、消費物の代価又は立替金に係る債権	1年 （民法第174条第4号）

※この表は主な債権の消滅時効時間を記載したもので、その他にも10年の消滅時効期間の例外となる短期消滅時効時間が定められているものがあります。

(2) 差押え、仮差押え又は仮処分

　これらは、たとえば顧客が有する不動産を差し押さえたり、抵当権を設定していた顧客の不動産の競売の申立てをした場合を想定していますが、上記差押え等について、権利者の側からこれらを取り下げたり、法律違反によって取り消されたときには中断の効力が生じないことには注意を要します。

(3) 承　認

　顧客が代金債務の存在を認めている場合には、顧客に代金債務の存在を「承認」させることが最も有効かつ簡便な方法でしょう。「承認」の方法としては、口頭の承認でも有効ではありますが、やはり、承認の事実を明確に立証できるようにするために「債務承認書」等の書面により承認を得ておくほうがよいでしょう。

Q12
顧客が代金を支払ってくれないのですが、一方で私の会社もその顧客に対して支払わなければならない代金があります。そこで、相殺をしたいのですが、どのように行ったらよいでしょうか？

A 双方の合意がなく、一方的に相殺をしたいケースでは、民法で定められている相殺ができるための要件にあてはまることが必要です。また、双方の弁済時期や抗弁権の有無によっても変わってきますので、注意が必要です。

・・・

1●相殺とは
　相殺とは、債権者と債務者とが相互に同種の債権・債務を有する場合に、その債権と債務とを対当額において消滅させる一方的意思表示のことをいいます（民法第505条第1項）。たとえば、あなたの会社が顧客に対し、500万円の売掛金債権があって、あなたの会社がその顧客に対して200万円の買掛金債務を負担している場合に、あなたの会社またはその顧客の一方的意思表示により200万円の対当額において双方の債権債務を消滅させるような場合のことをいいます。この相殺制度の存在により、相互の債権債務を負担する者相互間においては、その対当額においてすでに決済されているとの信頼が生まれ、一種の担保のような機能を営んでいます。
　では、このような相殺はいかなる場合に認められ、また、どのような方法によって行うかについて以下で検討します。

2●相殺の要件
　民法上、相殺ができるための要件として以下の事項が求められていま

す（民法第 505 条第 1 項）。

① 双方が、互いに債務を負担していること
② 双方の債務が同種の目的を有していること
③ 双方の債務が弁済期にあること
④ 相殺を許す債務であること

②については、この要件があることにより売掛金債権と物の引渡債権など、種類が異なる債権を相殺することはできません。

また、③について具体的にいうと、あなたの会社が顧客に対して500万円の売掛金債権を有しており、一方で当該顧客に対し200万円の買掛金債務を負担している場合に、あなたの会社が200万円の対当額で相殺しようとする場合、あなたの会社が顧客に対して有している売掛金債権が弁済期にあることが必要であるということです。

弁済期にないにもかかわらず、あなたの会社が相殺できてしまうということになれば、顧客にとって突然期限の利益を失ってしまうことになるからです。

ただし、先ほど述べた例で、あなたの会社が顧客に対して負担している買掛金債務の弁済期が到来している必要はありません。あなたの会社は期限の利益を放棄して、代金を支払うことが可能だからです（民法第136条第2項）。

④について、注意すべきなのは、あなたの会社が相殺しようとするとき、あなたの会社が顧客に対して有する売掛金債権に同時履行の抗弁権が付着しているときに相殺ができないということです。

同時履行の抗弁権とは、たとえば売買契約の当事者において、買主が代金債務の支払いをしないで、売主に対して商品の引渡しを請求した場合に、売主は買主の代金支払と引換えでなければ商品を引き渡さないと主張できるとする制度です（民法第533条）。

このような同時履行の抗弁権が、あなたの会社が顧客に対して有する債権に付着している場合には、あなたの会社が顧客に負担している債務

と相殺をすることはできません。なぜならば、この同時履行の抗弁権が付着しているときにあなたの会社が相殺できてしまうということになれば、顧客は突然この同時履行の抗弁権を失ってしまうことになるからです。

　ただし、あなたの会社が顧客に対して負担している債務について同時履行の抗弁権が付着している場合には相殺することは可能です。あなたの会社はこの同時履行の抗弁権を放棄して、代金を支払うことが可能だからです。

　以上のとおり相殺の要件を述べてきましたが、これは、あくまでもあなたの会社の一方的な意思表示により相殺を行う場合に要求される要件です。そのため、あなたの会社と顧客との「合意」（相殺契約）によって双方の債権債務を消滅させることは当然可能ですし、その際には、上記のような要件は必要ではありません。

3●相殺の方法

　相殺の意思表示は、口頭によってもすることが可能です。しかし、相殺の意思表示を行ったことを明確に立証できるように配達証明付内容証明郵便（→Q4）を用いて書面で行うことが重要です。その際には、書面上に、相殺の対象となる両当事者の債権を明確に特定することが重要です。

　なお、前述の合意による相殺契約による場合には、他の契約同様に契約書等の書面を作成して行うことが重要です。

第3章

債権回収に関する法律実務

Q13

取引先が代金を支払わない場合に備えて、代金を請求する側はどのようなことができますか？

A 代金を請求する側（債権者）としては、相手方（債務者）に担保を立てさせたり、保証人をつけてもらうことができます。つまり、債権者と保証人の間に保証契約を結ぶことになります。担保（物的担保）としては、留置権・先取特権・質権・抵当権・根抵当権・譲渡担保権・所有権留保等、様々な類型があります。
また、人的担保としては、保証人・連帯保証等が存在します。

1●物的担保

まず物的担保については、一定の法律関係があれば法律上当然に発生するもの（法定担保物権）として、「留置権」と「先取特権」があります。前者は、たとえば時計を修理に出した場合、時計の持ち主が修理代金を支払ってくれるまでは、修理した人は時計を自分の元に留めておくことができ、支払いがない場合は時計を競売にかけることができます（なお、留置権は民事留置権と商事留置権とがありますが、商事留置権は商行為から生じた権利に適用され、民事の場合よりもより強い担保権を認めています）。後者は、たとえば不動産の工事・売買や動産の保存・売買、葬式費用等、法定の契約関係が生じた場合に法律上当然に発生する担保権です。

次に、法律上当然には発生しませんが、当事者の合意によって生じる物的担保（約定担保物権）であって、民法に規定があるものとしては、「質権」、「抵当権」、「根抵当権」があります。質権は動産・不動産・権利（債権）に担保を設定できますが、抵当権（根抵当権を含む）は不動産だけに設定できます。なお根抵当権は、一定の継続的取引関係から生

じる債務を最大限「極度額」という範囲まで担保するという点で、継続的な取引関係が欠かせない企業や法人が多く利用している担保権だといえます。なお、（根）抵当権を設定する不動産の所有者は、必ずしも債務者本人である必要はなく、他人の不動産でも構いません。この場合、その他人は「物上保証人」と呼ばれます。

そのほか、約定担保物権には、法律の規定はありませんが、社会生活上必要性が高いものとして、「譲渡担保権」や「所有権留保」等が認められています。前者は、たとえば「この倉庫の中にある商品すべて」という一定の場所における、流動性のある物全体に担保権を設定する場合に多く用いられます（集合物譲渡担保ともいいます）。後者は、たとえば自動車を分割で購入した場合、「この自動車の代金を全額払い終わるまでは、自動車の所有権は売主に属する」という合意をなすことです。

なお、最近立法・改正された、将来の不特定の売掛金をまとめて担保に入れる、動産・債権譲渡特例法（平成10年施行、平成16年改正）による担保設定も有用です。

2●人的担保

次に、人的担保としては、保証人と連帯保証等があります。

前者は、債権者（債務者ではない点に注意）と保証人との間で、「債務者にもし弁済ができないようなことがあった場合は、保証人が支払う」という契約を結ぶことです。保証人には、「まず債務者に弁済を請求してくれ」といえる権利（催告の抗弁権）と、「まず債務者の有する財産から執行をかけてくれ」といえる権利（検索の抗弁権）があり、また、保証人が債務者の代わりに弁済をなした場合は、債務者にその分を返してくれるように請求できます（求償権の行使）。

後者は、上記の催告の抗弁権と検索の抗弁権がない場合をいいます。このため、連帯保証人となった人は、事実上債務者と同じ程度の責任を背負わされることが多いです。債務者が行方不明になり、連帯保証人に

大きな負担がかかってしまうというお話は、どこかでお聞きしたことがあるかと思いますが、連帯保証人が窮地に追い込まれるなど、社会問題にもなっているといえるでしょう。

なお、この保証契約は、書面でしなければならないことが、平成16年の民法改正により要求されることとなりました（民法第446条第2項）。これは、保証人のリスクが往々にして大きくなってしまいがちという点に対する反省から生まれたといえます。書面によって、保証契約に際しては慎重さが求められるようになったのです。

また、最近では、「信用保証協会」のような機関保証も重要な役割を占めています。

＊　　　　　　　＊

結論として、人的担保は「人」の問題なので不安要素が大きい一方、物的担保は「物」が対象なので安定性・信頼性があるという違いはありますが、どのような担保を用いるかは、結局当事者双方の合意により、その契約関係の内容に応じたものを定めるのが妥当といえます。双方とも設定しておく場合も多いでしょう。また、保証契約に限らず、担保権を設定する際には、必ず書面を用いてその内容を明確にしておくことが大変重要です。

3●その他

(1) 代理受領

債権者が債務者から代理権を授与してもらい、受領権限を得て自身の債権を回収する手段です。債務者の代理人として時効中断や移転登記請求もできます。

(2) 振込指定

代理受領で、債権者が銀行である場合をいい、法的構成は代理受領と同じです。銀行は預金債務と債務者に対する債権を相殺することで債権回収を図ります。

Q14

保証人が保証契約を解除したいといってきました。この解除には応じなければならないのでしょうか？

A 保証契約を結んだ際の契約によりますが、原則として、解除には応じなくても構いません。また、あくまでも債権者と保証人間による「保証契約」ですので、その契約において、解除における要件を明確に定めておけば解除も解除禁止も両方できます。

1 ●保証契約の際の注意点

Q13でも述べたとおり、保証契約をなすには、原則として書面によらなければならなくなりました（民法第446条第2項）。そのため、債権者と保証人の間において保証契約をなす場合、当然書面でその契約の内容を明確にすることが必要となります。そこには、後々もめごとにならないようにするためにも、保証契約を解除できる場合を定めておくとよいと思われます。

もし、保証人からある日突然解除したいと言われた場合に困るようであれば、保証人による予告なしの解除や、無理由解除等を認めない文言を入れるとよいでしょう。たとえば、「保証人が保証契約を解除する場合には、○日前に債権者に対しその予告をなすこと」という定めを設けたり（こうすれば債権者が新たな担保を探す準備ができます）、「保証人が保証契約を解除する場合は、下記に定めた場合のみに限る」等の定めを設けたりするということが考えられます。

また、たとえば「保証人が保証契約を解除する場合に、他の担保を債務者に用意させることを条件とする」という文言を入れるときは、債務者も含めた三面契約のような形をとるとよいでしょう。

なお、債務者（被保証人）との関係については、保証契約はあくまで別個の契約ですので、保証人と債務者（被保証人）との事情変更（離婚や役員退任等）があった場合でも、原則として、保証契約の解除はできません。

2●保証契約を解除できない規定

　それでは、保証人が一切保証契約を解除できないような定めを入れることは許されるのでしょうか。この点、いかなる場合であっても保証人は解除できないという定めは、信義則に反し、許されないように考えます。なぜなら、保証人の負担が過重になってしまうからです。解除権は、民法上でも契約当事者に認められている権利ですので、それを一方的に奪うような契約内容は、許されないでしょう。

　ただし、「保証人が故意・過失により債権者に不利益を与えるような行為をした場合には、保証人から保証契約を解除できない」というように、保証人に不利にならない範囲で解除権を制限するような契約は許されると考えます。この場合は、「債権者に不利益を与えるような行為」の内容も、詳細に書面にしておく必要があるでしょう。

【保証契約の際の留意点】

　ア　保証契約は書面で締結する
　イ　保証人の解除権を一方的にすべて認めないという契約は許されない
　ウ　保証人が一方的に突然解除しないように、解除できる場合を具体的に定めておく（解除予告・理由等）
　エ　保証人が解除する場合には、債務者に別の担保を立てさせることを条件とすることも可能（債務者も含めた三面契約締結がよい）
　オ　保証人が解除できなくなる場合を制限的に設けることは可能（債権者に不利益を及ぼしたとき・保証人に故意・過失があるとき等）

Q15

担保にとった不動産に不法占拠者が出現し、たびたび居座るようになりました。いなくなってもらうにはどうしたらよいですか？

A 結論として、債権者（抵当権者）は、「債権者代位権」を用いて不法占拠者を追い出すか、または直接、抵当権に基づいてその者を追い出すことが可能です。

1 ●抵当権の基本原則

ここでまず、抵当権の基本原則について触れる必要があります。

抵当権は、本来、債務者（抵当権設定者）の元に不動産を占有するにとどめ、その不動産の使用・管理権を債務者（抵当権設定者）の元に残したまま担保の目的とするというのが大きな特徴です。ですから、原則として、たとえ抵当権の対象となっている土地に不法占拠者がいても、債務者（抵当権設定者）本人にその者を追い出そうという意思がなければ、抵当権者はその土地を占有していない以上、文句はいえないのです。

しかし、そうはいっても、やはり抵当権のある土地に不法占拠者がいれば、その土地に対する評価は下がってしまいますし、どんな形で土地（あるいは建物）が荒らされてしまうか定かではありません。評価が下がれば、その土地を競売にかけた場合、買手が現れない、高い値段がつかないなど、債権者（抵当権者）に不利益が生じます。一番の理想は、債務者（抵当権設定者）が自ら追い出してくれることですが、仮に何も手を打ってくれない場合に抵当権者が何もできずに指をくわえて見ているだけ、というのも理不尽です。

2 ● 妨害時排除請求権と債権者代位権の行使

　ここで、最高裁判所（平成11年11月24日 判決）は、土地の占有者である債務者（抵当権設定者）が、不法占拠者に対して有する「出て行ってくれ」といえる権利（妨害時排除請求権）を認めました。この権利は、物を所有・占有する人には当たり前の権利として認められているもので、抵当権者が債務者（抵当権設定者）に代位して行使し、替わりに「出て行ってくれ」という方法です。これは「債権者代位権の行使」といって、民法上でも認められている権利です。

　次に、最判平成17年3月10日は、もっとストレートに抵当権者の権利を認めました。すなわち、「抵当権」という物権に基づいて、不法占拠者を追い出すことの可能性について初めて言及しました。具体的には、債務者（抵当権設定者）が適切にその不動産を維持管理することすら期待できない場合には、抵当権者は、直接当該不動産を自分に明け渡すよう求めることができると判示しました。従来は、抵当権者はその目的となっている不動産に対して干渉する権限はないという考え方が主流でしたので、この判決は画期的といえます。

　ただし、不法占拠者を追い出すには、不動産の価値が下がり、抵当権者の優先弁済請求権（不動産を競売した代金を自分に優先して支払うように求める権利）の行使が困難となるような状況が必要です。これはケースによるといえますが、たとえば更地に勝手に建物を建てたり、容易に動かしがたい物を運び込んだり、有害物質をばらまいたりというように、土地や建物の形状を損なうといったケースや、暴力団の人間やホームレスがその土地に居座るケースは、土地の価値が下がると認定されると思われます。

　なお平成15年に、民事執行法の改正が行われ、財産の保全処分を強化し、不動産明渡し執行の実効性を向上させる措置がとられ、不法占拠のような執行妨害を防ぐ機能もできたので、実際に抵当権に基づいて妨害排除を行わなければならないような場面は、そう多くはないと思われます。

Q16

取引先Xに、わが社が扱う商品を売却しました。ところが、支払い期限が来たのに、何度か催促の電話を入れても代金を支払ってくれません。担保、保証人ともに取っていないのですが、どのような法的手続をとれば代金を回収できるのでしょうか？

A 代金を回収する方法としては、代金支払い請求権が認められた場合に取引先Xの有する財産や権利を差し押さえて金銭に換え、そこから代金を回収する方法がありますが、あらかじめ財産を「保全」しておく方法も重要です（仮差押え等の方法）。

・・

1 ●直接強制

　設問のように、担保や保証人がない場合で取引先Xがなかなか代金を支払ってくれないようなケースにおいては、債権者としては、裁判等を起こして自己の代金支払い請求が認められた上でX（債務者）の財産や権利を差し押さえ、それを金銭に換えて代金回収をする方法（直接強制）があります。これは債務者にある程度財産がある場合に可能なことであって、仮に債権者の代金支払い請求が認められたとしても、債務者にまったく財産がなければ、実際に代金を回収することができなくなるおそれもあります。実際には、その前の段階で、財産が散在したり行方不明になったりしないように（債務者にそうさせないように）、あらかじめ財産や権利を確保（保全）しておくことが必要です。

　まず、その商品がXの下に存在する場合には、動産売買の先取特権により商品を売脚する方法があります。また、Xが、Xの取引先Yに当該商品を売買して、まだ転売代金がXに支払われていない場合には、転売代金を物上代位により差押えすることもできます。

2●仮差押え

具体的な方法としては、仮差押え等があります。これは、債務者の有する動産・不動産・債権等の財産を後で金銭に換えるために、当該財産を仮に差し押さえて、確保しておくことです。

不動産（船舶もこれに含まれる）の仮差押え執行は、仮差押えの登記か強制管理（債権者から、その収益を受ける権利を取り上げ、裁判所選任の管理人にその収益を収受させること）という方法で行われます。動産の場合は、執行官が動産を占有する方法で行われます。債権の場合は、第三債務者（前記の例ではＸの債務者にあたる）に対して、Ｘへの債務弁済を禁止する方法で行われます。これは、Ｘが第三債務者から受けた債権を、債権者に弁済せず処分してしまうなどの行為を防ぐためです。

3●間接強制

上記の方法以外にも、Ｘには、間接強制という方法が認められます。これは、債権者の申立てにより、たとえば「債務者は弁済しなければ、１日につき○円支払うこと」という一種の制裁を科し、債務者に精神的な負担を負わせることで弁済を実現させる方法をいいます。この方法は従来、債務者に対する心理的苦痛が大きいので、人権的・人道的な観点から、他の方法が認められる場合には使うことが許されない手段でした。しかし、間接強制のほうがむしろ直接強制（上記のように財産を直接差し押さえて換金するようなこと）よりもソフトな面が大きいのではないかという立場を採用し、平成15年の民法改正で、間接強制にも優先性が認められました。なお、間接強制で支払われた制裁金は、債権者のものになります。

そのほか、設問では「代金＝金銭の支払い」を求めるものでしたが、金銭以外の財産の場合（不動産の明渡しや動産の引渡し、債権自体の移転等）でももちろん保全（仮処分という）することができます。

Q17

債務者が死亡してしまっても債権は回収できますか？ また、債務者が行方不明となってしまった場合はどうなのでしょうか？

A 　**債務者が死亡しても、債務者に相続人がいれば相続人から債権が回収できる可能性が高いです。**
債務者が行方不明となった場合、債務者が財産管理人をおいていた場合には財産管理人を通じて債務者の財産から債権の回収を図ればよいですが、債務者が財産管理人をおいていない場合や、債務者の生死が不明の場合には、家庭裁判所の手続きを経た上でないと債権の回収を図れないことになります。

・・・

1 ●債務者が死亡した場合

　債務者に相続人がいる場合には、相続人が①単純承認をした場合、②限定承認をした場合、③相続放棄をした場合によって、債権の回収ができるか否かは異なります。

(1) 単純承認

　相続人が単純承認をした場合、相続人は被相続人（死亡した債務者）の法律的な地位をすべて引き継ぎます。すなわち、相続人は被相続人の債務も包括的に承継することになります。したがって、この場合相続人から債権の回収を図ることが可能です。

　もっとも、相続人が複数いる場合は、被相続人の債務が各相続人の相続分に従って分割されてしまいます。債務が分割されてしまうと、各相続人に対して債権を分割して請求しなければならなくなります。つまり、相続人の任意の１人から債権の全額を強制的（裁判を通じて）に回収することはできないことになります。

(2) 限定承認

　相続人が限定承認をした場合、債権は相続財産のみから回収できることになります。ここで、相続の限定承認とは、まず相続財産から相続人の債務を清算した後に残った財産を相続することをいいます。すなわち、債権者から見ると債権の引当て財産が相続財産に限定される相続をいい、相続人から見ると債務を清算した残りの財産のみの相続をいいます。もっとも、限定承認は、相続人全員で限定承認をしなければならない（相続人の1人のみが限定承認にできない）など手続きが煩雑なので、あまり利用されていません。

(3) 相続放棄

　相続人が相続放棄をした場合、相続放棄をした相続人のほかにも相続人がいる場合には単純承認の場合と同じで、各相続人に分割された額で各相続人から債権を回収することができます。他方、相続放棄をした相続人のほかに相続人がいない場合（債務者に最初から相続人がいない場合も同じ）は、家庭裁判所に選任された相続財産管理人によって相続財産が清算されることになります。この場合、相続財産が十分にあれば相続財産から債権を回収することができますが、相続財産が債務の全額を弁済するに足りない場合には残念ながら債権の全額は回収できないことになります。

2●債務者が行方不明となった場合

　債務者が行方不明となった場合は、債務者が財産管理人を選任したか否か、あるいは、債務者が生死不明か否かによって、債権の回収方法が異なることになります。

(1) 債務者が財産管理人を選任し、かつ債務者の生存が確実の場合

　債務者が選任した財産管理人が債務者の代理人になります（ただし、代理人としてなし得ることは現状維持的な行為に限定されている）。したがって、債務者が選任した財産管理人に対して、債務者の財産から支払うよ

う、請求することになります。

(2) 債務者が生死不明の場合

　債務者が財産管理人を選任していたとしても、家庭裁判所が別の財産管理人をおくことができます。この場合には、家庭裁判所が選任した財産管理人に対して、債務を弁済するように請求することになります。検察官が家庭裁判所に財産管理人を選任するように請求しない場合には、債権者も利害関係人として、財産管理人を選任するように家庭裁判所に請求できます。

　また、債務者の生死不明が7年間続いた場合には、利害関係人は行方不明者の失踪宣告をなすように家庭裁判所に請求することができます。家庭裁判所が不在者の失踪宣告をした場合、不在者は死亡したものとして扱われます。この場合には、上記の債務者が死亡した場合と同様に、債権の回収を図ることになります。

　なお、上記は通常の失踪宣告（民法第30条第1項）ですが、戦争や船舶の沈没、災害等の極めて緊急的な事態（危難）が起こった場合は、それらの危難が去った後1年間生死が明らかにならない場合に失踪宣言ができ、その場合は危難が去ったときに死亡したとみなされます（民法第30条第2項、第31条後段）。

　ちなみに、その後債権者の生存が確認された場合、または失踪宣告と異なる時期に死亡したことが証明された場合は、本人または利害関係人の請求があれば失踪宣告は取り消されることになります。もっとも、失踪宣告が取り消されたとしても、すでになされた債権の回収に影響は及びません。

Q18
債務者から担保を徴求していますが、支払いがないので担保を実行したいと思います。どのような手続きをとればよいでしょうか？

A 担保には物的担保と人的担保があります（→Q13）。
人的担保の場合には、その保証人等に対して支払いをなすように請求する方法により担保を実行します。**物的担保の場合には、その物を売却して担保を実行します。**

1●物的担保の実行方法
物的担保には、不動産、動産、および売掛金等の債権がありますが、この担保の対象が何かによって、担保の実行方法も異なります。

(1) 不動産担保の実行方法

不動産に設定される担保は、主に抵当権ですが、抵当権の実行方法としては①売却代金から債権の満足を得る方法、②不動産を賃貸した賃料から債権の満足を得る方法、の2種類の方法があります。

①は、まず地方裁判所に抵当物件の競売申立てをしなければなりません。この申立てに対して、裁判所が競売開始決定をし、最低売却価格を決め、物件の概要を裁判所内に公示します。物件を競落しようとする者のうち、一番高額で入札した者が買受人となり、入札価格が裁判所に納付されると、抵当権者はこの配当金を優先的に受けることができます。

②は、まず、地方裁判所に担保不動産収益執行の申立てをします。裁判所が担保不動産収益執行開始決定をすると管理人が選任され、賃借人は管理人に対して賃料を支払うことになります。この支払われた賃料が配当されます。競売の場合と同様に、抵当権者はこの配当金を優先的に受け取ることができるのです。

(2) 動産担保の実行方法

　動産に設定される担保権は、主に質権および譲渡担保権です。

　質権の実行方法は、競売して売却代金から債権を回収する方法となります。すなわち、抵当権の場合と同様に、裁判所に競売の申立てをし、裁判所の競売開始決定を得て目的物を売却し、売却代金から債権を回収するのです。ただし、動産を売却しても不動産の場合ほど高額にはならず、売却代金で競売の費用にも足りない場合があり得ます。このように、売却代金よりも競売の費用のほうが高くつくような場合にまで競売の方法をとることは不経済なので、このような場合には、競売によらず、目的物を直接取得することで債権の満足にあてることも認められています。この場合、目的物の評価は鑑定人の評価に従うことになります。

　譲渡担保の実行方法は、目的物を直接売却して売却代金から債権を回収する方法と、目的物を直接取得し差額が生じた場合には差額を精算する方法とがあります。

(3) 債権担保の実行方法

　売掛金等の債権を担保に供する方法としては、動産の場合と同様に質権と譲渡担保があります。いずれの場合も、担保権を実行する方法は、債権を直接取り立てる方法によります。取り立てた債権から、自分の債権の回収にあてるのです。また、有価証券、たとえば株券や各種会員権の場合は、名義変更という方法をとります。

2 ●人的担保の実行方法

　債務者に保証人・連帯保証人を要求した場合には、当該保証人・連帯保証人に対して支払いをなすよう請求します。

　連帯保証人に対しては、債務者に支払いを請求することなく支払いをなすように請求できます。他方、ただの（連帯ではない）保証人に対しては、債務者に対して支払いを請求しても債権の全額の回収ができなかった場合についてのみ、支払いをなすように請求することができます。

Q19
日頃から、経営状態がよくないとの噂があった取引先に債権があります。何もしないままでいたところ、相手会社が財産を隠匿・分散しようとしているとの情報をキャッチしました。これを止める方法はないのでしょうか？

A
財産の隠匿・分散を防止する方法としては、財産の仮差押えがあります。

1●仮差押えの対象物

　仮差押えは、法律上は財産的価値のある不動産、動産、債権のいずれにもかけることができます。ただし、実際の運用は、債務者の財産処分権に対する制約がより小さいものから優先的に仮差押えをするようにすべきものとされています。つまり、処分する可能性が高い財産よりも処分する可能性が低い財産を、普段の業務に使用する財産よりも普段の業務に支障のない財産を先に仮差押えすべきとされているのです。具体的には、預金口座があったとしても、不動産があれば先に不動産を仮差押えすべきものとされることになります。

2●仮差押えの手続き

　仮差押えは、裁判所に対して仮差押えを申し立てることによってします。

　仮差押えが認められるためには、①回収すべき債権（被保全権利）の存在と、②仮差押えをなすべき必要性があることを、裁判所に認めてもらう必要があります。被保全権利の存在を裁判所に認めてもらうためには、一般的には契約書や領収証等が必要となるでしょう。また、仮差押

えをすべき必要性とは、「仮差押えをしなければ、債権の満足を得られなくなる可能性があるが、仮差押えをすることによって債権の満足を得られる可能性が高まること」をいいます。債務者が財産の隠匿・分散を図っているのであれば、そのような事情も裁判所に説明する必要があるでしょう。

3●仮差押えの効果

裁判所に①被保全権利の存在と、②仮差押えをなすべき必要性があることを認めてもらえると、仮差押え命令が発令されます。仮差押え命令が発令されると、(1)不動産については仮差押えの登記がなされ、(2)動産の場合には執行官が目的動産を占有し、(3)債権の場合には仮差押えをした債権の債務者に対して、ほかの債権者への弁済をしないように通知することにより、仮差押えがなされます。

仮差押えされた不動産を処分しようとしても、仮差押えをした債権者との関係ではその処分行為は効力を否定されることになります。具体的には、たとえば、不動産を仮差押えしたにもかかわらず当該不動産を売却したとしても、当該売却行為は仮差押え債権者から効力を否定されることになります。

また、債権が仮差押えされ弁済が禁止されたにもかかわらず、第三債務者が債務者に対して弁済をしたとしても、当該弁済は仮差押えをした債権者との関係では効力が否定され、弁済をしていないものとして扱われます。したがってこの場合は、差押債権者は第三債務者に対して再び弁済をなすよう請求できます。

Q20

取引先の会社が破産の申立てを行いました。どう対応したらよいですか？　破産手続の流れ・スケジュールはどうなっているのでしょうか？

A 破産者が会社である場合には、その会社は、手続終結後、完全に消滅することになります。したがって、自社が、債務者の破産のあおりを受けて、共倒れにならないように、破産を申し立てた債務者に代替する取引先を迅速に確保することが、最も重要な課題でしょう。

そして、破産手続において大事な点は、確実な手続きの履践により、配当を確実に確保することです。取引先が破産を申し立てた場合には、まず経理・財務関係部署に依頼し、取引先との間にまだ清算されていない債権債務関係があるかどうか、確認をとりましょう。そして、破産会社に対する債権残高が確認された場合には、随時情報収集を行いつつ、破産債権の届出等の手続きを確実に行うことが必要です。

1 ●破産手続の概要

破産とは、債務者が支払不能や債務超過に陥った場合に、当該債務者の財産を換価し、これをもって債権者にその優先順位と債権額に応じて配当する手続きのことをいいます。

まず、債務者が破産を申し立てた場合、裁判所は、債務者（法人の代表者）と面談を行う等して（債務者審尋）、破産を宣告するのが適当であるか否かを判断します。そして、裁判所は、破産が適当であると判断した場合には、破産手続の開始を決定し、同時に破産管財人を選任しま

す。破産管財人の選任後、債務者は一切の財産管理処分権を失い、以後、債務者の財産に関する行為はすべて破産管財人が行うこととなります。

　破産手続開始決定後、裁判所は、債権者として把握されている者に対し、破産通知を発送します。また、同時に債権届出書を発送し、債権者に対して、債権の届出を促します。

　債権者は、その債権届出書に自己の債権の種類や金額を記載し、これをあらかじめ決められた届出期間内に裁判所に提出します。

　もし、破産を申し立てた取引先に対する債権が、社内的に確認されているにもかかわらず、裁判所から通知や債権届出書が届かなかった場合には、破産管財人に対し、自己が債権者として把握されているか確認をとる必要があります。届出を怠れば、配当を受けられない可能性もあります。

　その後、破産管財人は、届出のあった債権の調査をし、その調査結果に基づき認否を行います。破産管財人が届出債権を認めればそれで債権は確定しますが、異議を出した場合には、債権者は裁判所に対し、破産債権査定の申立てを行うことが必要になります。裁判所はかかる申立ての是非を決定にて判断しますが、決定に不服があれば、さらに破産債権査定異議の訴えを提起することができ、最終的には訴訟手続で債権の存否・額が確定されることになります。

　債権が確定し、債務者の財産の換価・回収が完了すると、いよいよ債権者に対する配当手続が行われます。この配当は、まず租税債権（破産手続開始当時に納期限の到来していないものまたは納期限から１年以内のもの）および従業員の給与等労働債権（破産手続開始前３か月分のもの）に対し行われ、その後一般の債権（仕入先の支払手形・買掛金・借入金等）に対し、その債権額に応じて行われます。

　なお、抵当権および質権等破産会社の個別財産に担保権を有する債権者は、別除権者として破産手続外で自由にその権利を行使して、債権の

【破産手続の概要】

破産手続の開始

- 破産手続開始の申立て
  - 棄却
  - 取下げ
- 保全管理人の選任（法人である場合に限る）
- 他の手続の中止命令等・包括的禁止命令・保全処分
- 破産手続開始の決定
- 破産管財人の選任

財産管理・財産換価

- 破産管財人による財団の占有・管理・換価
- 財産状況報告集会を定めない場合
- 財産状況報告集会

破産債権の届出・調査・確定

- 債権届出期間・調査期間（期日）を定めない場合
- 破産債権の届出
- 破産債権者表の作成
- 認否書（認知予定書）の届出
- 債権調査期日 / 債権調査期間
- 破産債権の査定の裁判
- 異議の訴え
- 破産債権の確定

配当

- 中間配当
- 簡易配当 / 最後配当 / 同意配当

破産手続の終了

- 廃止についての意見聴取のための債権者集会
- 廃止についての書面による意見聴取
- 任務終了の場合の計算報告のための債権者集会
- 任務終了の場合の書面による計算報告
- 任務終了の場合の計算報告のための債権者集会
- 任務終了の場合の書面による計算報告
- 破産手続終結決定
- 異時廃止
- 同時廃止

免責手続

- 免責許可の申立て
- 破産管財人・破産債権者の免責についての意見申述期間の決定
- 免責についての調査・報告
- 破産管財人・破産債権者の免責についての意見申述
- 許可 / 不許可

62　第3章　債権回収に関する法律実務

回収を図ることができます。したがって、破産が申し立てられる前の段階で、債務者の財産に対しいかに担保権を有効に取得しておくかが重要だといえます。相手先に不動産がなくても、動産、債権譲渡制度を利用することで動産や売掛金等の債権を集合物として担保にとる方法が認められていますので、活用すべきでしょう。

　以上が破産手続の大まかな流れです。

　なお、債権者がこれらの手続きを確実に履践するには、債務者に関する情報収集が必要不可欠です。破産管財人への問合せや債権者集会への出席を通じ、常に債務者や手続きの進行状況に関する最新の情報を取得するよう心がけて下さい。

　特に債権者集会では、債務者の財産状況や今後の見通し、配当の見込みなどが報告されるほか、通常は質疑応答の時間も設けられます。情報収集のための貴重な機会ですので積極的に出席するようにしましょう。

Q21
取引先の会社が民事再生の申立てを行いました。どう対応したらよいですか？　民事再生手続の流れ・スケジュールはどうなっているのでしょうか？

A 取引先が、民事再生を申し立てた場合においては、未回収の債権の弁済を確保するという点だけでなく、今後、当該取引先に再生の見込みがあるか、取引を継続すべきか否かなどを判断し、より長期的かつ経営的視点で取引先に対する対応を検討する必要があります。

1●民事再生手続とは

　民事再生とは、債務者がそのまま事業を継続すれば近い将来に支払不能や債務超過に陥るおそれがある場合に、その債務者の債務をいったん棚上げすることを認める法的手続です。民事再生は、法人、個人を問わず利用できますが、株式会社だけに適用ある会社更生と並び、会社を再建するためによく用いられます。

　手続きは、破産法の規定が多く準用され、破産手続と類似する点も多く認められますが、民事再生手続は、債務者を清算する手続き（清算型）ではなく、債務者の事業・生活の再生（再建型）を最終的な目的とする点で、破産手続とは根本的に異なっています。

2●民事再生手続の概要

　債務者が民事再生を申し立てた場合、まず、裁判所は、資産の散逸を防ぐために、申立前の債務の弁済を禁止する弁済禁止の保全処分等の保全処分命令を出します。

そして、裁判所は、通常、民事再生手続に精通した弁護士等から監督委員を選任します。監督委員は、再生債務者の重要な財産上の行為に同意を与えたり、再生債務者から各種報告を受けたりするほか、裁判所に対して一定の事項についての報告を行い、再生債務者の再生計画を監督することになります。

　裁判所は、債務者が今後支払不能や債務超過に陥るおそれがないか、事業を再生できる見込みがあるかなどを、監督委員の意見を参考にして検討し、民事再生が適当であると判断した場合、民事再生手続の開始を決定します。破産手続では、破産手続開始決定後、債務者は一切の財産管理処分権を失うことになりますが、民事再生手続では、原則として再生債務者は業務遂行権および財産の管理処分権を失いません。したがって、再生債務者と取引等についての交渉を行う場合には、開始決定後も引き続き再生債務者自身を相手方にして行うこととなります。

　裁判所は、再生手続開始決定と同時に、債権届出期間および債権調査期間を定めて、再生債権者宛に書面で通知します。各債権者は、その通知書に同封されている債権届出書に自己の債権額等必要事項を記入し、債権届出期間内に裁判所に債権届出をすることになります。届出をする債権は、開始決定前に原因を有する債権です。開始後の取引によって生じる債権は、開始後債権として、開始前に原因を有する債権に劣後することになりますが、売掛金債権など業務上必要な債権については、申立後開始決定までに原因を有するものも含め、共益債権として裁判所からの許可または監督委員の承認を得ることで通常どおりの弁済を受けることができます。取引先に対する債権が重要な取引に関するものであれば、共益債権として弁済を主張すべきでしょう。

　その後、再生債務者は、届出のあった再生債権を調査し、その調査結果に基づき認否を行います。再生債務者が届出債権を認めればそれで債権は確定し、異議を出した場合には、査定の申立てや異議訴訟等の手続きを経た後に債権が確定されることになりますが、この点は破産手続の

【民事再生手続（通常）の概要】

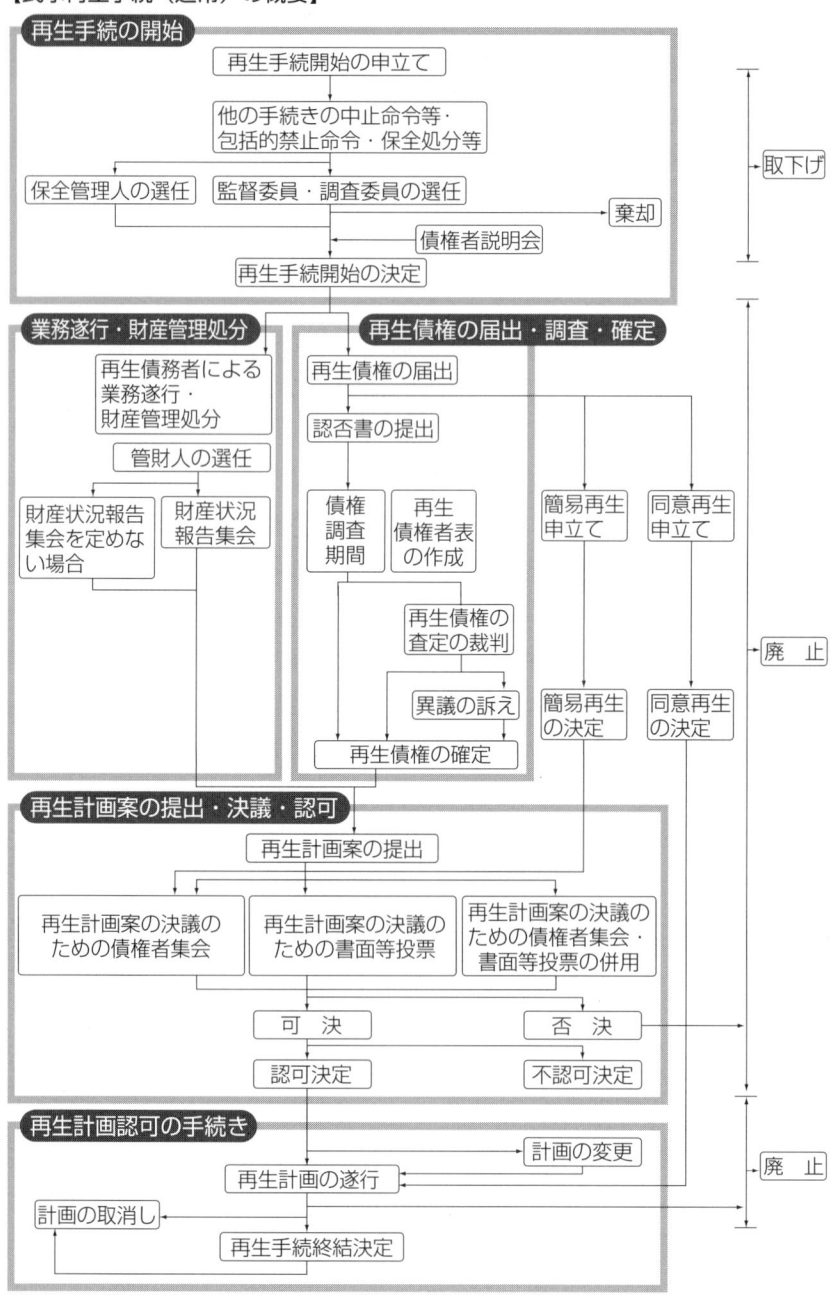

再生手続の開始

再生手続開始の申立て
↓
他の手続きの中止命令等・包括的禁止命令・保全処分等
↓
- 保全管理人の選任
- 監督委員・調査委員の選任 → 棄却
- 債権者説明会
↓
再生手続開始の決定

→ 取下げ

業務遂行・財産管理処分

- 再生債務者による業務遂行・財産管理処分
- 管財人の選任
  - 財産状況報告集会を定めない場合
  - 財産状況報告集会

再生債権の届出・調査・確定

再生債権の届出
↓
認否書の提出
↓
- 債権調査期間
- 再生債権者表の作成
↓
再生債権の査定の裁判
↓
異議の訴え
↓
再生債権の確定

- 簡易再生申立て → 簡易再生の決定
- 同意再生申立て → 同意再生の決定

再生計画案の提出・決議・認可

再生計画案の提出
↓
- 再生計画案の決議のための債権者集会
- 再生計画案の決議のための書面等投票
- 再生計画案の決議のための債権者集会・書面等投票の併用
↓
- 可決 → 認可決定
- 否決 → 不認可決定

→ 廃　止

再生計画認可の手続き

認可決定
↓
再生計画の遂行 ← 計画の変更
↓
再生手続終結決定

計画の取消し

→ 廃　止

第3章　債権回収に関する法律実務

場合と同様です。

　なお、債権者は、民事再生法の概要を詳しく知りたい場合には、原則として裁判所で閲覧・謄本請求ができます。

　そして、再生債務者は、事業計画や債務の弁済計画等を盛り込んだ再生計画案を作成して裁判所に提出します。再生計画案が提出されると、裁判所は、通常この再生計画案について決議をとるための債権者集会を開き、そこで、再生計画案の是非について、債権者の決議を取ります。再生計画案は監督委員の意見書が付された上、あらかじめ裁判所から債権者に対し送付されますので、債権者はこれらの資料を参考にして集会当日、賛否の判断をし議決権を行使することになります。債権者集会で再生計画案が可決（出席者の過半数かつ議決権行使可能な再生債権者の総議決権の2分の1以上の同意）され、裁判所が再生計画の認可を決定すると、再生債務者は、再生計画の実行に入り、再生計画に基づいて債務の弁済を開始します。再生計画は、最長10年です。

　以上の手続きは、生ものである再生事件では、おおむね5～6か月間という短い期間で、申立てから認可決定まで行われます。

　なお、抵当権および質権等再生債務者の個別財産に担保権を有する債権者は、別除権者として民事再生手続外で自由のその権利を行使することができます。この点も破産手続と同様です。したがって、破産手続と同様、民事再生申立前の段階で、いかに担保権を有効に取得しておくかが重要です。以上が手続きの大まかな流れになります。

　取引先が民事再生を申し立てた場合は、今後当該取引先と取引を継続するか、代替取引先に切り替えるか等も含め、難しい経営判断が必要となります。したがって、債務者に関する正確な情報の入手は、破産手続以上に重要です。再生債務者への問い合わせや債権者集会への出席はもちろん、外部機関からの情報収集や、事件に関する記録・文書の閲覧謄写の申請（民事再生法第16条）等を行い、常に再生債務者に関する最新の情報を取得するよう心がけましょう。

Q22

取引先の会社が会社更生の申立てを行いました。どう対応したらよいですか？　会社更生手続の流れ・スケジュールはどうなっているのでしょうか？

A　取引先が、会社更生を申し立てた場合においては、民事再生の場合と同様、債権の回収だけでなく、当該取引先に再建の見込みがあるか、取引を継続すべきか否かなどを判断し、より長期的かつ経営的視点で取引先に対する対応を検討する必要があります。

1●会社更生とは

　会社更生とは、その名の通り株式会社のみを適用対象とする手続きであり、会社の事業を継続しつつ、その再建を図るために用いられる法的手続きです。会社更生は、民事再生と同様、再建型倒産手続に分類されますが、民事再生手続と比較して、様々な点で厳格かつ強力な手続きとなっています。

2●会社更生手続の概要

　会社更生が申し立てられると、まず、裁判所は、資産の散逸を防ぐために、申立前の債務の弁済を禁止する弁済禁止の保全処分等の保全処分命令を出します。そして、通常、同時に保全管理人を選任します。保全管理人は、会社の業務執行、財産管理のほか、当該会社の再建の見込みについて調査・報告を行います。

　裁判所は、保全管理人の報告を受けるなどして、債務者が今後支払不能や債務超過に陥るおそれがないか、事業を再建できる見込みがあるかなどを検討し、会社更生が適当であると判断した場合、更生手続開始を

決定します。開始決定と同時に、更生管財人が選任され、更生会社の業務遂行権、財産の管理処分権は更生管財人へ移ることとなります。

　裁判所は、更生手続開始決定と同時に、債権届出期間を定めて、債権者宛に書面で通知します。各債権者は、その通知書に同封されている債権届出書に自己の債権額等必要事項を記入し、債権届出期間内に裁判所に債権届出をすることになります。届出をする債権は、更生手続開始決定前に原因を有する債権です。

　売掛金債権など業務上必要な債権については、民事再生手続と同様に、共益債権として、通常どおりの弁済を受けることができます。取引先に対する債権が重要な取引のものであれば、共益債権として弁済を主張すべきでしょう。

　その後、更生管財人は、届出のあった更生債権を調査し、その調査結果に基づき認否を行います。更生管財人が届出債権を認めればそれで債権は確定し、異議を出した場合には、査定の申立や異議訴訟等の手続きを経た後に債権が確定されることになりますが、この点は破産手続および民事再生手続の場合と同様です。

　更生管財人は、債権の内容の調査、会社財産の評価、事業計画の検討などを行い、会社再建の条件や利害関係人の権利の処理等更生のために必要な事項を定めた更生計画案を作成して裁判所に提出します。計画案は最長５年です。更生計画案が提出されると、この更生計画案について決議をとるための関係人集会が開催され、そこで、更生計画案の是非について、債権者の決議を取ります。決議は、原則として更生債権者、更生担保権者、株主など異なる種類の権利者の組ごとに行われます（可決要件は各組ごとに異なる）。関係人集会で更生計画案が可決され、裁判所が更生計画の認可を決定すると、更生管財人は、更生計画の遂行に入り、更生債権の弁済等を開始します。

　なお、抵当権および質権等債務者の個別財産に担保権を有する債権者は、破産手続、民事再生手続では、別除権者として手続外で自由にその

【会社更生手続の概要】

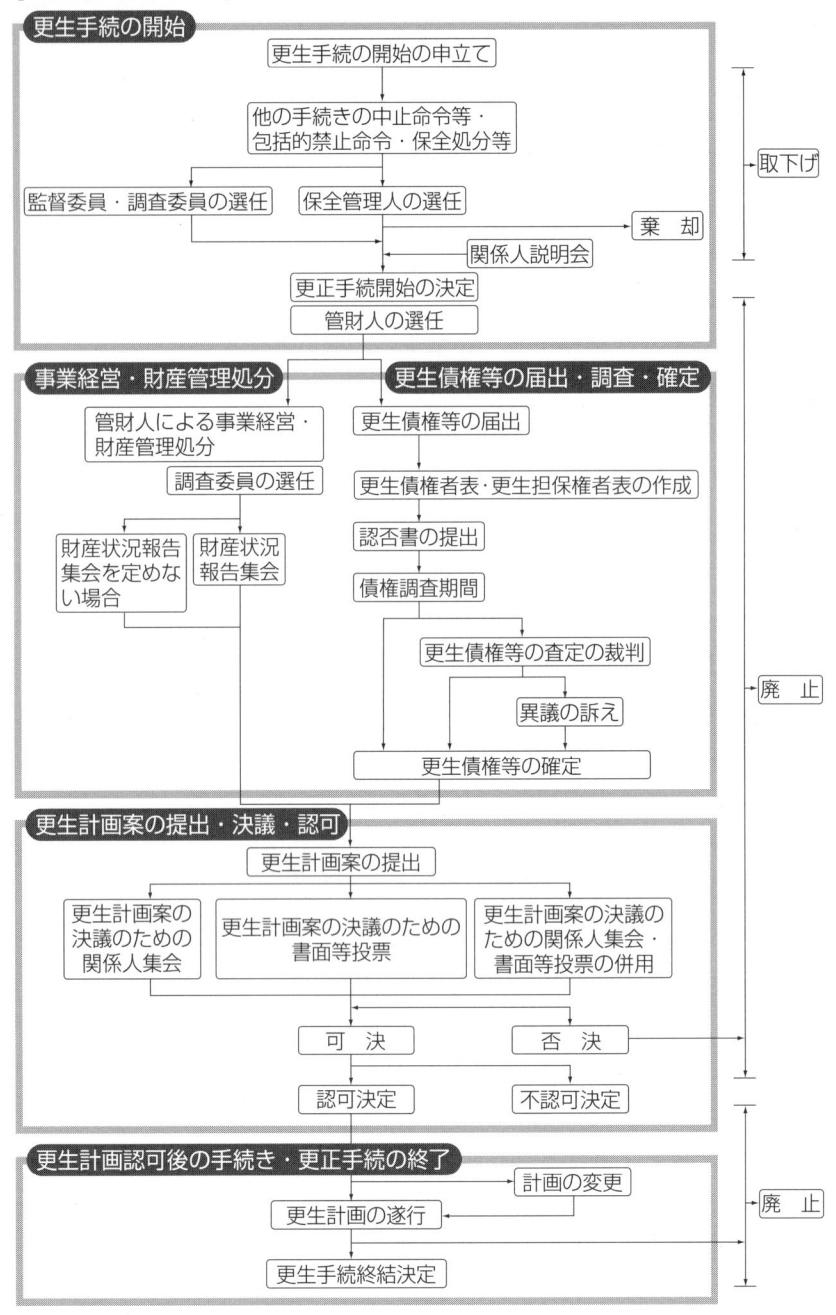

```
┌─ 更生手続の開始 ────────────────────────────────────┐
│                  更生手続の開始の申立て                    │
│                        │                              │
│                  他の手続きの中止命令等・                   │
│                  包括的禁止命令・保全処分等                  │
│                        │                              │
│        監督委員・調査委員の選任    保全管理人の選任           │
│                    │        │                         │    取下げ
│                    │        │──── 棄 却                │
│                    └── 関係人説明会                     │
│                        │                              │
│                  更正手続開始の決定                       │
│                  管財人の選任                            │
└────────────────────────────────────────────────┘
┌─ 事業経営・財産管理処分 ──┐ ┌─ 更生債権等の届出・調査・確定 ─┐
│ 管財人による事業経営・   │ │ 更生債権等の届出              │
│ 財産管理処分           │ │    │                       │
│    調査委員の選任      │ │ 更生債権者表・更生担保権者表の作成 │
│     │    │           │ │    │                       │
│ 財産状況  財産状況      │ │ 認否書の提出                 │
│ 集会を定め 報告集会     │ │    │                       │
│ ない場合             │ │ 債権調査期間                 │
│                      │ │    │                       │
│                      │ │ 更生債権等の査定の裁判          │
│                      │ │        │                   │
│                      │ │    異議の訴え                │    廃 止
│                      │ │        │                   │
│                      │ │ 更生債権等の確定              │
└──────────────────────┘ └────────────────────────┘
┌─ 更生計画案の提出・決議・認可 ──────────────────────┐
│                  更生計画案の提出                      │
│        │            │              │               │
│ 更生計画案の     更生計画案の決議のための   更生計画案の決議の │
│ 決議のための    書面等投票             ための関係人集会・ │
│ 関係人集会                          書面等投票の併用  │
│        │            │              │               │
│        可 決                   否 決                 │
│          │                      │                   │
│        認可決定                不認可決定              │
└────────────────────────────────────────────┘
┌─ 更生計画認可後の手続き・更正手続の終了 ──────────────┐
│                              計画の変更              │
│               更生計画の遂行 ───┘                    │    廃 止
│                    │                                │
│               更生手続終結決定                        │
└────────────────────────────────────────────┘
```

権利を行使することが認められていますが、会社更生手続では、担保権者は、更生手続の中に取り込まれてしまい、自由に権利行使することはできません。

　以上が会社更生手続の大まかな流れになります。

　取引先が会社更生を申し立てた場合は、今後当該取引先と取引を継続するか、代替取引先に切り替えるか等も含め、難しい経営判断が必要となります。この点は民事再生のときと同様です。したがって、更生管財人への問い合わせや関係人集会（会社更生手続では原則として、財産状況報告集会と更生計画案決議のための集会が開催される）への出席、外部機関からの情報収集等を行い、常に更生会社および更生手続に関する最新の情報を取得するよう心がけましょう。

第4章

販売競争を勝ち抜く法律実務

Q23
取引先から「在庫となっている不人気商品と一緒でなければ他の商品を売らない」といわれたのですが、買わなければならないのですか?

A 買う必要はありません。
これはいわゆる「抱き合わせ販売」といわれるもので、私的独占の禁止及び公正取引の確保に関する法律(独占禁止法)で「不公正な取引方法」の一つとして、厳しく規制されています(独占禁止法第2条第9項、第10項参照)。

1 ●「抱き合わせ販売」とは

抱き合わせ販売とは、ある商品やサービスに他の商品等を併せて購入することを余儀なくさせることをいいます。この規制は、取引の相手方の契約の自由や、自由な競争活動を制限することを防ぐためにあります。もし、上記のような抱き合わせが認められてしまうと、買う方は本当に欲しいものだけでなく、欲しくないものまで無理に買わされることになってしまいます。その分余計にお金を払わなければならなくなったり、本当に欲しいものが手に入らなくなったり、不要な在庫を抱えてしまったり…という制約が生まれてしまいます。

少し詳しく説明すると、抱き合わせ販売には「不要品供給タイプ」と「競争制限タイプ」があり、上記の質問は、前者にあたります。一方、場合によっては、不人気商品でなくても、2つ以上の商品を抱き合わせてしまう場合があり、これが後者です。いずれも厳しい規制がなされるのは同じですので、厳密に分類する必要性はあまりないかもしれません。

過去、実際に起きた抱き合わせの事例として、不人気ゲームソフトを一緒に買わなければ人気ソフトを売らないとしたケースや、大手パソコンソフト会社が２種類のソフトを一緒でないと販売しないとしたケース等があります。これらは、どちらも排除勧告を受けています。

２●抱き合わせ販売の規制に違反すると？

　もし、取引先が設問のようなことをいってきた場合でも、従う必要はありませんが、この場合は、まず公正取引委員会に相談してみるのも一つの方法です。それを契機に違反した相手方へ調査等が入り、事前通知や意見申述等を経て、不公正な取引状態の排除措置命令・課徴金納付命令が下されます。これでも決着がつかない場合は審決や訴訟に発展することがあり、最終的に違反した相手方に刑事責任（懲役・罰金）や民事責任（損害賠償・違約金等）が課されることになります（なお、より詳しい相談窓口については次ページ一覧を参照）。

３●例　外

　なお、注意が必要なのは、例えばレンタカーと保険や、歯ブラシと歯みがき粉の旅行用セット販売など、双方が密接な補完関係にあるものや、機能的に１つの商品として特徴を持つようなものでもともとバラ売りでも買えるようになっているものは、例外的に抱き合わせにならない場合があります。

　その場合でも、強者（大手企業など）対弱者（零細企業など）の関係があれば、優越的地位の濫用（不公正な取引方法第14項）として、やはり独占禁止法違反に問われることには注意を要します。詳細は、**Q27**をご覧ください。

【公正取引委員会 相談窓口一覧】

相談・届出	本　局	地方事務所・支所
独占禁止法に関する一般的な相談	官房総務課	総務課
持株会社，会社の株式所有合併・事業譲受け等の届出	経済取引局企業結合課	経済取引指導官または総務課
事業者等が自ら行おうとする流通・取引慣行，特許・ノウハウライセンス，共同研究開発等に係る個別具体的な事業活動についての相談	経済取引局取引部相談指導室	経済取引指導官または総務課
事業者団体，中小企業等協同組合の届出	経済取引局取引部取引調査室	経済取引指導官または総務課
下請法についての相談	経済取引局取引部企業取引課	下請課または取引課，総務課
景品表示法についての相談	経済取引局取引部消費者取引課	取引課または総務課

課徴金減免制度	本　局	地方事務所・支所
課徴金減免申請に係る事前相談	審査局課徴金減免管理官	地方事務所・支所に窓口はありません。

申　告	本　局	地方事務所・支所
独占禁止法違反被疑事実についての申告	審査局情報管理室	第一審査課または審査課
下請法違反被疑事実についての申告	経済取引局取引部下請取引調査室	下請課または取引課，総務課
景品表示法違反被疑事実についての申告	経済取引局取引部景品表示監視室	取引課または総務課
申告の処理に係る申出	官房総務課	総務課

※公正取引委員会ホームページ（http://www.jftc.go.jp）より作成

Q24

取引先から「安売りするなら商品の卸はしない」と、標準小売価格を下回って商品を販売しないようにいわれたのですが、買わなければならないのですか？

A **必要はありません。**

これは、独占禁止法上違法になっている「再販売価格の拘束」にあたります。このようなケースに立ち会った場合の対処方法については、公正取引委員会に相談してみるのも一つの方法です（→ Q23）。

---

1 ●「再販売価格の拘束」とは

「再販売価格の拘束」とは、①製造業者が、取引先である卸売業者の販売価格を定めて維持させることや、②製造業者が、小売業者の販売価格を定めて卸売業者をして小売業者に維持させること、等を指します（下記の図参照）。

【事例①】

| 製造業者Ａ | → | 卸売業者Ｂ | →→ | 小売業者Ｃ |

　　　　　　　　　　　　（拘束）

【事例②】

| 製造業者Ａ | → | 卸売業者Ｂ | → | 小売業者Ｃ | →→ | 消費者Ｄ |

　　　　　　　　　　　　（Ｂをして拘束させる）

77

小売業者に対し自社商品の販売価格を指示してしまうと、競争手段の一つである価格を拘束することになるため、再販売価格の拘束は原則禁止されています。また、単に価格を拘束するだけでなく、指定した価格での販売を強要する目的で、小売業者に経済上の不利益を課したり、出荷を停止したりすることも禁止されています。

2●例　外
　ただし、これには一定の例外があります。それは、書籍・雑誌・新聞・音楽用CD等の著作物についてです。これら著作物は、いわゆる「知的財産」であり、書籍を著した人や音楽を作曲し演奏する人等の知的活動を保護し文化の向上を図る必要があるため、価格を拘束することも認められています。

3●過去の裁判例・審決例
　再販売価格の拘束の事案は多いといえます。審決取消を最高裁まで争った事案としてW堂事件（昭和50年7月10日）やM商事事件（昭和50年7月11日）等があります。また、公正取引委員会の審決で争われたものとして、M乳業事件（昭和52年11月28日）、E社事件（平成3年8月5日）、S堂事件（平成7年11月30日）、H・D社事件（平成9年4月25日）、N・D社事件（平成9年12月16日）、N・J社事件（平成10年7月28日）、SCE事件（平成13年8月2日）等、実に多数あります。なお、ここにあげられた会社のほとんどは、有名な大手企業ばかりです。W堂事件、M商事事件は最高裁まで争われ企業側が敗訴。その他についても、公正取引委員会の審決により、排除措置等を受けています。

Q25

取引先であるメーカーAとは、「B商品の販売地域は、関東地方だけにする」という契約を締結しており、これに違反した場合は契約を解除されてしまうことになっています。やはりこの条件には従うしかないのでしょうか？ ちなみにメーカーAは、B商品については全国で1位のシェアを誇っています。

A 従う必要はありません。

これは、「拘束条件付取引」の一形態となり、独占禁止法上、原則として許されない行為とされています。なぜなら、相手方の取引に関し色々と不利な条件をつければ、相手方はそれに縛られることになり、本来なら自由に行えるはずの取引活動・経済活動が制約されてしまうからです。

もし、取引先メーカーから設問のような契約を持ち出された場合、公正取引委員会に報告することが考えられます（→Q23）。

1●再販売価格の拘束

設問のように、B商品のシェアにつき全国1位を誇っているメーカーAによる販売地域の制限がなされると、自ずと商品価格が維持されるおそれが出てきます。そうすると、それはQ24で検討した「再販売価格の拘束」を招くことになり、やはり取引に支障が生じます。本来、商品の価格は自由に決定できる事項であるといえるためです。

2●拘束条件付取引の形態

「拘束条件付取引」には、実に様々な事案が考えられます（Q24で検討した「再販売価格の拘束」も、実はこの拘束条件付取引の一形態にあたる

が、それは独立の類型として規定されている)。設問のように販売地域を限定してしまうことも含みますし、特約店間における販売方法に関する制限や、たとえば携帯電話等の代理店の価格表示を下限価格（販売最低価格）を下回らないように義務づける等の広告・表示の制限を行うこと、農協等におけるリベート支給等の奨励措置による拘束、次の**Q26**で検討する小売店の特定等、販売の相手方を拘束すること等、ある程度類型化はできるものの、相手方との契約・取引に一定の条件をつけることは幅広く含まれると考えられます。

　ただし、拘束の態様が広いことから、すべての場合において許されなくなるとするのではなく、個別的なケースにおいて事情を適宜考慮して、許される形態か否かを判断することになります。

Q26
当社は卸売業を営んでいます。取引先であるメーカーCから、卸売先である小売店をD店だけにしてほしいという条件を出されました。この条件に従わない場合は、契約を解除されてしまうとのことです。どうしたらよいでしょうか？

A これも、Q25で検討したのと同様、独占禁止法上の「拘束条件付取引」の一形態に該当し、原則として許されません。ちょっと難しい言葉を使うと、この形態は「一店一張合制」といわれるものです。

・・・

1 ●「一店一張合制」とは

そもそも、卸先である小売店をどこにするのかということも、取引活動の一環として本来なら自由に卸売業者が決定してよいことになっています。これを制約し、ある一店だけにすることを「一店一張合制」といいます。相手方メーカーから「D店だけしか認めない」といわれてしまうと、他の店には卸せなくなってしまい、取引活動を制約することになってしまいます。一店一張合制も、結局は商品価格を維持させることにつながり、許されないものとなっています。

一店一張合制の場合に考慮される事項としては、以下のようなものが挙げられます。

- 対象商品をめぐるブランド間競争の状況（市場集中度・商品特性・製品差別化の程度・新規参入の難易度）
- ブランド内競争の状況（価格のばらつきの状況・流通業者の業態）
- 流通業者の数や市場における地位
- 当該制限が流通業者の事業活動に及ぼす影響（制限の程度・態様）

2●類似事例

なお、一店一張合制以外で販売の相手方を拘束する形態として考えられるものは、

① 仲間取引の禁止(メーカーが流通業者に対し商品の横流しを禁止すること)

② 安売業者への販売の禁止

等があげられます。①については**Q28**で、②については**Q24**を参照してください。

【一店一帳合制】

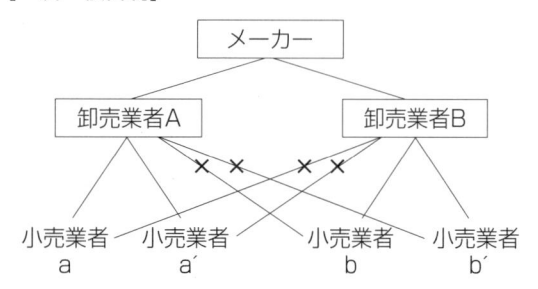

```
            メーカー
           /      \
      卸売業者A    卸売業者B
       /  \ ×× ××/  \
   小売業者 小売業者 小売業者 小売業者
     a      a′      b       b′
```

Aはa, a′のみ取引し、b, b′とは取引できない。他方、Bは、b, b′とのみ取引し、a, a′とは取引できない。

【仲間取引の禁止】

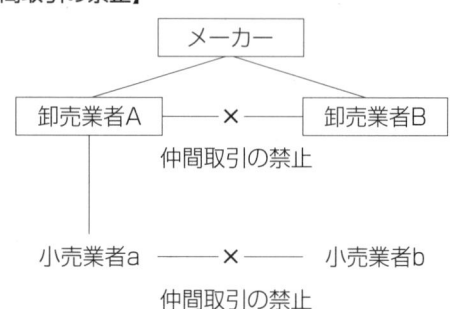

```
            メーカー
           /      \
      卸売業者A ──×── 卸売業者B
          |     仲間取引の禁止
          |
       小売業者a ───×─── 小売業者b
                仲間取引の禁止
```

bはB以外から供給を受けることができない。

82　第4章　販売競争を勝ち抜く法律実務

Q27

当社は改装業を営んでおり、取引先の大手百貨店Eに入っています。Eは先日、店舗の改装費について、当社に負担するように要求してきました。当社はEに比べて規模がとても小さく逆らえません。どうしたらよいでしょうか？

A

Eに従う必要はありません。これは、「優越的地位の濫用」といい、相手方を不当に萎縮させてその取引活動を制約するという点で、独占禁止法上許されない行為となります。
力の強い取引先から購入を強制されそうになった場合は、会社内部で話し合い、やはり公正取引委員会に報告するのがよいと考えられます。

- -

1 ● 「優越的地位の濫用」とは

「優越的地位の濫用」とは、自分よりも力や規模の劣る相手方に対し、自分の優越的な立場を利用して一定のことを強制し、力や規模が劣る相手方がそれに従わざるをえなくなる状況を作り出すことをいいます。

設問のように、改装費用を負担しろと迫ることも当然含まれますし、取引先の、商品購入の強要や協賛金負担の要求、役員選任への干渉、従業員等の派遣要請、やり直しの要請、払込制（メーカーが卸売業者や小売業者等の売買差益の一部か全部を積み立てさせ、一定期間経過後に当該業者に払い戻す制度）など、抑圧的・強制的な行為態様全般を指します。このとき、強制する側がされる側よりも規模や力の点で優越的立場にある、という点が特徴となります。

また、この「優越的地位の濫用」は、先述した他の独占禁止法違反（不公正な取引方法）形態、つまり「抱き合わせ販売」（→**Q23**）や「再

販売価格の拘束」（→Q24）、「拘束条件付取引」（→Q25）等と重複する場合が多いといえるでしょう。

2●下請法（下請代金支払遅延防止法）の制定

なお、設問のような店舗改装における代金不払については、別の視点が必要となります。改装業者が下請業者の場合、発注元が一方的な都合により改装代金の支払いを不当に遅延させることが多くありますが、独占禁止法の手続き下においては、迅速・適切な措置が取りにくいというデメリットがありました。

このため、下請業者を保護するという観点から、「下請法」が制定され（1956年制定、2003年改正）、これらの行為の禁止と親事業者の遵守事項が定められています。

3●事例—金利スワップ事件

優越的地位の濫用が問題となった事案として、平成17年に起きたＭＳ銀行による「金利スワップ事件」があげられます。

この事件は、大手のＭＳ銀行が、取引上の地位が自分より劣っている相手方に対し、融資に係る手続きを進める過程で金利スワップという商品を提案し、それを購入することが融資の条件である旨、またはそれを購入しなければ融資に関して不利な取扱いをすると示唆することにより、金利スワップ購入を余儀なくさせたというものでした。

この事件を契機に、ＭＳ銀行は排除命令や業務停止命令等の処分を受けています。

Q28

取引先が、最初の取決めに反して、商品を量販店に流しているようなので、契約を解除したいと思うのですが、それは許されますか？

A 許されません。契約の中で、「商品を量販店に横流ししない」という条項が入っていたことを前提にお話しますと、これ自体が「仲間取引の禁止」にあたる可能性があります。

・・・

「仲間取引の禁止」とは、メーカーが流通業者に対し、商品の横流しを禁止することであり、その結果、商品の価格が維持されるというおそれが出てくることをいいます。この形態も、「拘束条件付取引」の一種として独占禁止法上規制されています。商品の価格維持という事態は、自由な取引や競争を制限することになるためです。

また、設問では「取引先との契約を解除したい」とのことですが、これは許されません。前述のとおり、「解除」という強力な条項を持ち出すことで、自由な取引や競争を制限する態様が一層強まるからです。

もし、契約書を作成する段階で上記のような解除事項を入れるべきか否かで迷った場合は、公正取引委員会の窓口で相談してみるとよいと思います。

Q29
① オンラインショップで商品Fを購入してもらった人の中から、抽選で景品を提供する場合、何か問題はありますか？
② また、商品Fの販売促進のため、新聞や雑誌に懸賞広告を出し、Fを購入したかどうかに関係なくそれに応募してもらった人の中から、抽選で景品を提供したいという案が社内であがっています。これについてはどうなのでしょうか？

A 懸賞は、あちこちでよく見かけるものの、不当に過大な景品や利益の提供を行うことによって顧客や消費者を引きつけることになると、射幸心（ギャンブルに依存し、堅実な労働等を疎かにしたくなる気持ち）をあおり、また正当な競争を害するという理由から、「不当顧客誘引」という不公正な取引方法に該当するとともに、不当景品類及び不当表示防示法（景表法）で一定の範囲で規制がされています。

設問①は、商品を買った人だけを対象にする「クローズド懸賞」、設問②は、商品を購入したか否かにかかわりがない「オープン懸賞」といわれています。

・・・

1 ● クローズド懸賞

クローズド懸賞は、「一般懸賞」（抽選券やパッケージ・レシート利用など）と「共同懸賞」（事業者が共同で行う福引など）、および「総付景品」（商品を買った人等にもれなく景品を提供）の3つに大きく分けられます。

一般懸賞は、取引価格が5,000円未満の場合は景品類の最高額がその20倍、取引価格が5,000円以上の場合は景品類の最高額が10万円で、総額限度が商品売上予定総額の2％以内という規制があります。

共同懸賞は、取引価格にかかわらず30万円が最高額で、総額限度が商品売上予定総額の3％以内という規制があります。
　また、総付景品は取引価格が1,000円未満の場合は最高額200円で、1,000円以上の場合は取引価額の10分の2が最高額になります。

2●オープン懸賞

　一方、オープン懸賞は、平成18年4月をもって、金額的な規制が一切なくなりました。以前は、懸賞において提供できる利益の最高額が1,000万円となっていましたが、この規制がなくなったわけです。しかし、たとえ商品の購入がないときに応募できるものであっても、メーカーが資本の大半を出資している店舗や、メーカーとフランチャイズ契約をしている店舗等に応募用紙を置いてある場合はオープン懸賞とはなりませんので中止してください。

【懸賞の範囲】

懸賞の種類		取得額	限度額	総額限度（売上予定総額）
クローズド	一般	5,000円未満	取得額20倍	2％以内
		5,000円以上	10万円	
	共同		30万円	3％以内
	総付	1,000円未満	200円	――
		1,000円以上	取得額の10分の2	
オープン		金額税制一切規制なし		

Q30
これまでの設問であがった以外に、独占禁止法上の違反形態にはどのようなものがありますか？

A 独占禁止法違反の形態は、不当な取引制限（カルテル）、私的独占、不公正な取引方法の3つに大きく分けられます。さらに、不公正な取引方法については、16類型の形態があります。

1●不当な取引制限（カルテル）

事業者が契約・協定等の名義を問わず、他の事業者と共同して対価を決定・維持・引き上げたり、または数量・技術・製品・設備・取引の相手方を制限するなど、相互にその事業活動を拘束・遂行することによって、公共の利益に反して一定の取引分野における競争を実質的に制限することです（いわゆる「談合」も、この一種）。

2●私的独占

比較的規模の大きい事業者が、単独あるいは他事業者と結合・通謀するなどして、他の（比較的規模の小さい）事業者の事業活動を排除・支配することにより、公共の利益に反して一定の取引分野における競争を実質的に制限することです。

3●不公正な取引方法

前述の設問で扱ってきた事案も含み、次ページの16類型に分類されます。事案によっては、複数の類型が重なる場合もあります。この類型は、公正取引委員会告示に規定されています。

① 共同の取引拒絶	複数の事業者が共同で特定の事業者との取引を拒絶したり、第三者に特定の事業者との取引を拒絶させたりすることです。
② その他の取引拒絶	これは、上記のように共同するのではなく、単独で同様の取引拒絶を行うこと等を指します。
③ 差別対価	商品やサービスの対価につき、取引先や地域によって不当に著しい差をつけることです。
④ 取引条件等の差別的取扱い	対価以外のもので取引条件に差を設けることです。
⑤ 事業者団体における差別的取扱い等	事業者団体(「○○協会」「△△連合会」「□□連盟」といったもの)の内部で上記のような差別を設けることです。
⑥ 不当廉売	商品を不当に低い価格で継続して販売し、他の事業者に打撃を与えることです。
⑦ 不当高価購入	競争相手が必要としている物品を市場価格を著しく上回る価格で購入し、入手困難にさせてしまうことです。
⑧ ぎまん的顧客誘引	自社の商品・サービスが実際より著しく優良であるように見せかける虚偽・誇大な表示や広告で顧客を不当に勧誘することです。
⑨ 不当な利益による顧客誘引	過大な景品をつけて商品を販売し、顧客の適切な商品選択を妨げるようなことです。
⑩ 抱き合わせ販売等	不当に他の商品やサービスを一緒に購入させることをいいます(Q23)。
⑪ 排他条件付取引	競争相手の取引の機会や流通経路を奪ったり、新規参入を妨げるおそれがある場合を指します。
⑫ 再販売価格の拘束	小売業者等に自社商品の販売価格を指示し、拘束することです(Q24)。
⑬ 拘束条件付取引	あらゆる方法で取引相手の事業活動を不当に拘束するような条件をつけることです(Q25、Q26、Q28)。
⑭ 優越的地位の濫用	取引上優越的地位にある事業者が、取引先に対して威圧的な方法で不当な行為をすることです(Q27)。
⑮ 競争者に対する取引妨害	事業活動に必要な契約の成立を阻止したり、契約不履行へと誘引する行為を行うことです。
⑯ 競争会社に対する内部干渉	ある事業者が、競合関係にある会社の株主や役員にその会社にとって不利益な行為をそそのかしたりすることです。

このうち、1と2は、比較的規模が大きく立証が難しい場合が多いため、実際は、比較的立証のしやすい3の事案が多いといえます。1と3、あるいは2と3は、形態として似ている場合が多いためです。事案によっては、1〜3すべてが重なる場合もあるかもしれません。

Q31

最近、○イブドア事件とか○上ファンド事件、内部職員のインサイダー取引など、証券取引がらみの事件が多いですが、具体的にどういうことが許されない行為とされているのでしょうか？ 証券取引法上許されない行為について、簡潔に教えてください。また、最近よく耳にする「金融商品取引法」についても教えてください。

A 「証券取引法上許されない行為」とは、証券取引法(証取法)上の「不公正取引の罪」にあたる行為であると思われます。

1 ●不公正取引の罪

これらの違法行為は、

① 一般不正行為（証取法第 157 条）
② 風説の流布（証取法第 158 条）
③ 仮装売買（証取法第 159 条）
④ インサイダー取引（証取法第 166 条）
⑤ 仮名（借名）契約（規則等）

に大きく分けられます。

③については、さらに「馴合売買」と「相場操縦」に分けられます。

②、③、④につきましてはそれぞれ **Q32**、**Q33**、**Q34** で説明していますので、ここでは主に①と⑤についてお話します。

2 ●一般不正行為

これは、

(ア) 不正の手段、計画、技巧をすること
(イ) 虚偽または不実表示による金銭等の取得

ウ．売買取引等を誘引する目的をもって虚偽の相場を利用すること
の3つをいいます。このうちア．は、有価証券取引に限定した上で、社
会通念上不正と認められる一切の手段をいうとされます。

3●仮名（借名）契約
　これは、たとえば同一のメールアドレスで住所が異なる口座・同一の
設置型または携帯電話番号で住所が異なる口座・同一担当者扱いの複数
顧客からの同一銘柄の同時注文等、二重口座の疑いがあるケースのこと
を指し、証券取引法上の罰則ではありませんが、疑わしい場合は調査を
行う等の措置をとることになります。

　　　　　　　　　　＊　　　　　　　　　　＊
　なお、上記①〜④については証取法上、懲役や多額の罰金等、厳しい
罰則が設けられています。

4●金融商品取引法
　ところで、証券取引法は、平成19年から順次、「金融商品取引法」
（平成18年6月7日成立）として施行されます。
　金融商品取引法は、金融商品全般を取り扱う際の行為規制（次ページ
参照）や業規制（業務をはじめるにあたっての条件等）・情報開示（報告書
作成等）・刑事罰等について広範に規定する一般的な存在となります。
上記設問にあるインサイダー取引等の許されない行為も、金融商品取引
法で規制されることになります。また、取引相手の投資家がプロかアマ
かによって、取引態様に柔軟な取扱いが認められるようにもなりました。
　金融商品取引法はあくまで一般法の役割を果たすので、たとえば銀行
法や保険業法・信託業法等の金融商品取扱関係の個別法（特別法）で、
独自の規定が設けられた場合は、そちらが優先して適用されます（「個
別法（特別法）は一般法を破る」というルールがあるため。民法＝一般法と
会社法＝特別法の関係と同じ）。逆にいえば、個別法に規定がない場合は、

金融商品取引法に規定があれば、あらゆる金融取引の場面で一般法の適用がされることになるのです。

下記は、金融商品取引法で規定される行為規制条文です。すべて重要なので、しっかり押さえておいてください。

行為規制の態様	金融商品取引法上の条文
顧客に対する誠実・公正義務	36条
標識掲示義務	36条の2
名板貸しの禁止	36条の3
社債の管理の禁止等	36条の4
広告規制	37条
取引態様の事前明示義務	37条の2
契約内容等の事前書面交付義務	37条の3
契約締結時の書面交付義務	37条の4
保険証受領にかかる書面交付義務	37条の5
クーリングオフ制度	37条の6
虚偽情報の禁止	38条1号
断定的判断の提供禁止	38条2号
不招請勧誘の禁止（訪問・電話勧誘の禁止）	38条3号
勧誘受諾の意思不確認	38条4号
再勧誘の禁止	38条5号
損失補塡の禁止	39条
適合性の原則 （投資家の知識・経験・財産・投資目的を考慮して取引）	40条
最良執行義務	40条の2
分別管理が確保されていない場合の売買等の禁止	40条の3

Q32
証券取引法上の「風説の流布」について教えてください。

A 「風説」とは？「流布」とは？ なじみのない、わかりにくい言葉ですよね。

「風説」については、明確な定義があるわけではないのですが、「噂」を意味し、必ずしも出所または根拠が曖昧なものである必要はなく、内容がウソか真かも問わないとされています。

「流布」とは、流す、伝播させるという意味ですから、「風説の流布」とはつまり、「噂を流す」という意味と同じです。

・・・

1●証券取引法における「風説の流布」

証取関連での「風説の流布」には、相場変動を図る目的等が必要です。より具体的にいうと、何人も、有価証券の募集、売出しもしくは売買その他の取引等のため、または有価証券等の相場の変動を図る目的で、風説を流布し、偽計（だますこと）を用い、または暴行・脅迫をしてはならないと規定されています（証券取引法第158条）。

2●過去の裁判例

過去に実際に起きた風説の流布に関する事件を見てみます。

まず、某ソフトウェア開発会社は、エイズワクチンの事業化を図り、「タイで臨床実験を始めた」との未確認情報を公表し、店頭登録されていた同社の株価を釣り上げた疑いが持たれました。この風説流布により、900円台だった同社の株価が3,650円に達しています。その後、同社元社長は風説流布罪の疑いで逮捕・起訴され、平成8年に有罪となりました。

また、某占い師が、株価の変動を図る目的でギャンブル情報誌に虚偽の株価情報を掲載したとして、平成9年に罰金刑に科されています。
　さらに別の事件では、ある者らが共謀の上、T社株について公開買付の発表をすれば株価を急騰させることができると考え、T社株523万株以上を取得したなどと称して、公開買付を行う旨の内容虚偽の文書を証券取引所に送信したことも、風説流布罪となりました。彼らも平成12年および平成14年に有罪判決を受けています。
　最後に、ある者がD社株につき、あらかじめインターネット上で募集した数十人の会員に対し、「会社の存立を左右するような悪材料があるから、明日の寄付きで売り注文を出してください」などと記載した内容虚偽の電子メールを送信し、その後悪材料が偽りであったとして買戻しを指示するメールを送信し、風説流布を用いたとして平成15年に罰金および追徴となったケースもありました。最近は、インターネットを利用した事件が多く起きているといえます。

　　　　　　　　　＊　　　　　　　　　＊

　上記で見たように、「風説の流布」の態様にはあまり制限がなく、相場変動の目的があれば方法は問わないといえるでしょう。また、主体が「何人も」となっているため、一般個人も当然気をつけなければなりません。

Q33
証券取引法上の「仮装売買」と「相場操縦」について教えてください。

A 証券取引法上の「仮装売買」とは、有価証券等につき、権利移転を目的としない売買であり、同一人が同一売買についてその両当事者となるような売買です。また、仮装売買に類似したものとして「馴合売買」があります。
「相場操縦」とは、市場を操作したり、売買取引に関して虚偽表示をしたりして株価を意のままに操ることをいいます。

・・・・・・・・・・・・・・・・・・・・・・・・・・・・・・・・・・・・・

1 ●「仮装売買」と「馴合売買」

より具体的には、何人も、証券取引所が上場する有価証券等の売買等の取引の状況に関し他人に誤解を生じさせる目的で、仮装売買、馴合売買等またはこれらの委託・受託等をしてはならないことをいいます（証券取引法第159条）。

「馴合売買」とは、自己が行う売付けまたは買付けと同時期にそれと同価格で（多少のズレはあってもよいようである）、他人が当該有価証券を買い付けまたは売り付けることをあらかじめその者と通謀の上、買付けまたは売付けを行うことをいいます。

どちらも、「あたかも実質的に売買があったように見せかけている」点では同じといえるでしょう。これらの行為を禁止することによって、有価証券取引等に関し不当な高値・安値をつけることや、売買の量を不当に増大させること等を防止しようとしているのです。

2 ●相場操縦

一方、「相場操縦」とは、市場において相場を意図的・人為的に変動

させ、その変動形成が自然にそうなったものと他人に誤解させ、それによって生じた市場変動を利用して自己の利益を図る行為をいいます。この行為も証券取引法上、禁止されています（同法第42条第1項第9号）。具体的には、下記のような一例があげられます。

高値形成 （安値形成）	当日の高値を形成する注文が継続して行われること。反対に安値を形成するパターンもある。
買上がり・売崩し	直近の出来高に比較して多量の注文があることによって買い上がる・売り崩すような売買が行われること。
終値関与	立会終了間際の発注が反復して行われ、直近の値段よりも高い（または安い）値段で値段が形成されること。
高関与率継続	出来高の少ない銘柄の売りを多く買い付けるような売買が繰り返されること。

3●過去の裁判例

　過去に実際に起こった相場操縦の事例として、N鍛工事件（昭和56年）、K飼料事件（平成6年）、F観光事件（平成5年）、Nユニシス事件（平成6年）などが有名です。

　なお、相場操縦を行った者は、刑事罰のみならず民事責任（損害賠償責任）も負うことになっています。過去のほとんどの事件では損害賠償責任が認められていますが、唯一その責任が認められなかった事件がありました。それは、昭和56年のM地所事件です。

　これは、本来ならば相場操縦を行った者に対し責任を追求するところ、幹事証券会社を相手に訴えを起こしたことや、原告側が相場操縦を行った具体的な行為者名・行為日時・態様等を主張せずに主観的な推測を述べていると判断されたこと、原告側が主張した「誇大宣伝的新聞記事」につき相場操縦への関与度が低いという点などを考慮され、最終的に証券会社に責任はないとされています。

Q34

「インサイダー取引」という言葉をニュースでもよく聞きますが、どういうことをインサイダー取引というのでしょうか？

A 「インサイダー」とは「内部」という意味です。つまり、インサイダー取引とは、株券等の取引における重要事項が一般に公表される前に、会社内部の関係者が、内部にいることを利用して前もって重要事項を知り、株券等の取引を有利に行ってしまうことをいいます。内部にいる者がいち早く「抜け駆け」的に有利な取引を行ってしまうと公平を損ない、有価証券市場に対する信任もなくなってしまいます。

---

1 ●内部関係者とは

この場合の「内部関係者」とは、具体的には以下に該当する者をいいます。

① 会社役員その他の従業員で、重要事実を知った者
② 会社の帳簿を閲覧できる株主で、重要事実を知った者
③ 当該会社の親会社役員その他の従業員で、重要事実を知った者
④ 法令上、会社の内部情報を知ることが認められている者（情報照会権を持つ公認会計士・弁護士等）で、権利行使に伴い重要事実を知った者
⑤ 会社と契約を締結しまたは締結しようとしている者等で、重要事実を知った者
⑥ 上記①〜⑤に掲げた地位を退いてから1年以内の者で、重要事実を知った者
⑦ 上記①〜⑥に掲げた者から重要事実の伝達を受けた者

なお、「重要事実が一般に公表される前」とは、単に公衆に知れ渡る前を指すのではありません。証券取引法上では、以下のような限定がかかります。

- 上場会社の代表取締役またはその受任者が、2以上の報道機関に対して重要事実を公開したとき（プレスリリース等）から12時間が経過する前（いわゆる12時間ルール）
- 重要事実が証券取引所のインターネットのサイト上に掲載される前
- 重要事実の記載のある有価証券報告書等が公衆の縦覧に供される前

2●インサイダー取引にあたらないとされるケース

それでは、インサイダーにあたるような取引は、それだけですべて許されないのかというと、そうではありません。他の投資家に与える影響が軽微なものと政令で定められたものは、規制対象とはなりません。配当金の増減比率が、直前の事業年度と比べて20％未満である場合や、会社が支払うべき損害賠償の額が、純資産総額の3％未満である場合等です。また、取引者の裁量の入り込む余地がない場合で政令で定められたものも、規制対象から除外されます。新株引受権や新株予約権の行使に基づく新株の取得の場合や、株式買取請求権（一定の重大事項があった場合に、株主が会社に対し株式を買い取るよう請求すること）の行使等法令上の義務に基づき売買する場合などがこれにあたります。

なお、最近起きたインサイダー取引の事例としては、N放送株をめぐって社長自らが逮捕されたMファンド事件が有名ですが、ほかにも、N新聞社元社員による事件、D証券会社の課長代理による事件、自動車会社H社子会社による事件等、少なくありません。

Q35
「ビジネスモデル特許」について教えてください。

A 「ビジネスモデル特許」とは、ビジネス上、有用なアイデア（発明）についての特許をいいます。日本では、「ビジネスモデル特許」という特別のカテゴリーがあるわけではなく、通常の特許発明と同様の出願方法や要件となっています。

・・・

1 ● 特許が認められる要件
アイデア（発明）につき特許が認められるには、次の3つの要件を満たす必要があります。
① 自然法則を利用した技術的思想の創作のうち高度であること
② 新規性
③ 進歩性

自然法則を利用するとは、人為的なものでないこと（例：ゲームのルールの取り決め等）が必要であり、新規性とはそのアイデアが以前に一般に知られていないことをいい、進歩性とは容易には考え出せないものをいいます。つまり、発明をするには、高度な技術と充実した開発設備、豊富な知識、多額の費用等がおのずと必要となってくるわけであり、発明は組織的な一大プロジェクトとなるわけです。

なお、ビジネスモデル特許については、**Q40**も参照にしてください。

2 ● 先願主義と先発明主義
なお、日本における特許出願は、「先願主義」、つまり先に出願をした人が優先的になります。つまり、いくら以前からアイデアを持っていても、出願において誰かに先を越されてしまったら、意味がありません。

そしてこれは、ほとんどの国で採用されていますが、一方、アメリカは、先に発明した人が優先する先発明主義をとっています（ただし、アメリカも現在、先願主義に移行する動きを見せている）。

　具体的な特許出願の方法は、下記の通りとなります。

【特許権を取るための手続き】

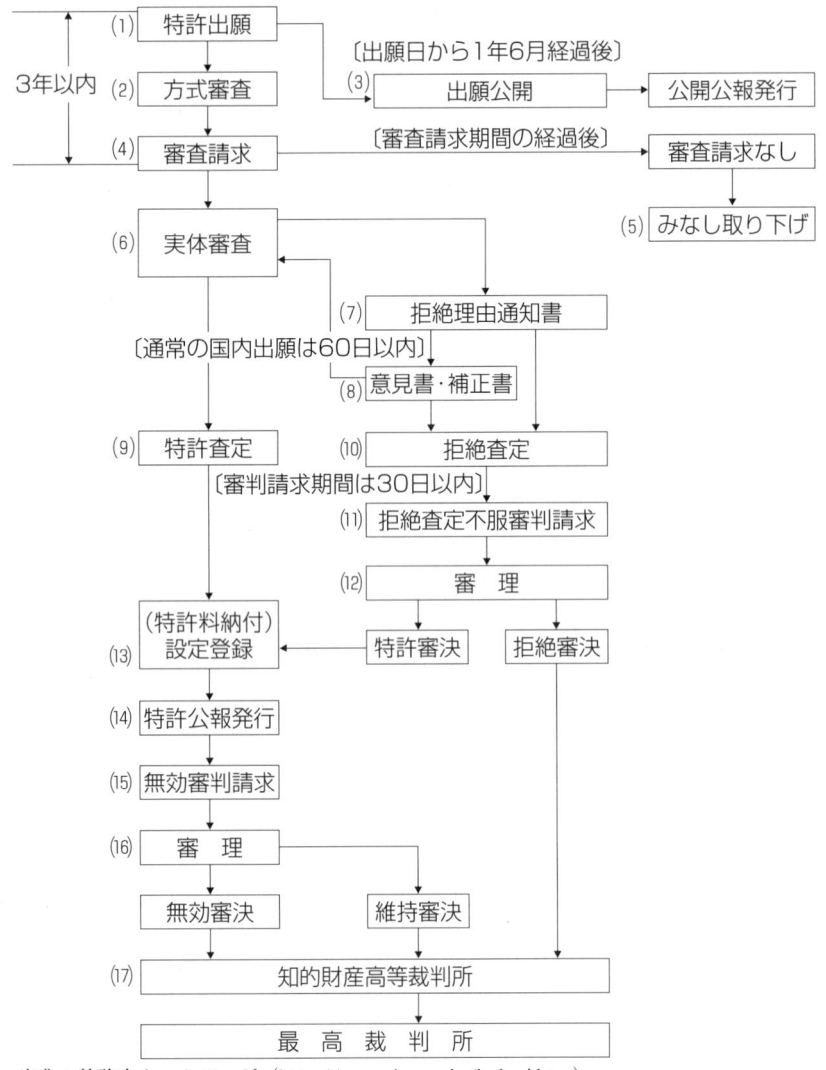

```
              (1) 特許出願 ─────┐
       ┌─          │             │ 〔出願日から1年6月経過後〕
       │    (2) 方式審査         │  (3)
  3年以内      │             └──→ 出願公開 ────→ 公開公報発行
       │    (4) 審査請求 ─────〔審査請求期間の経過後〕──→ 審査請求なし
       └─          │                                          │
                   │                                     (5) みなし取り下げ
              (6) 実体審査 ←─────┐
                   │              │
                   │         (7) 拒絶理由通知書
       〔通常の国内出願は60日以内〕  │
                   │         (8) 意見書・補正書
                   ↓              ↓
           (9) 特許査定    (10) 拒絶査定
                   │      〔審判請求期間は30日以内〕
                   │         (11) 拒絶査定不服審判請求
                   │              │
                   │         (12) 審　理
                   │         ┌────┴────┐
                   │    特許審決    拒絶審決
                   ↓         ↓
      (13) (特許料納付)
           設定登録 ←──────┘
              │
      (14) 特許公報発行
              │
      (15) 無効審判請求
              │
      (16) 審　理
         ┌───┴───┐
      無効審決  維持審決
         └───┬───┘
      (17) 知的財産高等裁判所
              │
           最　高　裁　判　所
```

出典：特許庁ホームページ（http://www.jpo.go.jp/indexj.htm）

100　第4章　販売競争を勝ち抜く法律実務

Q36

仕入先から、自由に使用することにつき許可を受けて、ある画像を提供されました。許可を受ければ、あとは特に何も取決めをせずに画像を自由に使ってしまって大丈夫なのでしょうか？

A 「画像を提供された」とのことですが、むやみに利用すると著作権の問題となります。

著作権は、画像（写真や絵画等）のみならず、音楽、小説、プログラム、舞踏、建築、図形等、実に多岐にわたって重要となるものです。これら「作品（著作物）」を生み出した著作者たちの文化的・芸術的活動を知的財産権として保護し、第三者が勝手にそれらを利用して不当に利益を得ることを防止するものです。

・・・・・・・・・・・・・・・・・・・・・・・・・・・・・・・・・・・・・・

1 ●著作権の内容

著作権（広義）においては、下記のような権利が内容となっています。

(1) 著作者人格権

① 公表権

② 氏名表示権

③ 同一性保持権（無断で変更・切除等の改変を受けない権利）

(2) 著作権に含まれる権利の種類（狭義の著作権）

① 複製権

② 上演権・演奏権

③ 上映権

④ 公衆送信権等

⑤ 口述権

⑥ 展示権

⑦　頒布権
⑧　譲渡権
⑨　貸与権
⑩　翻訳権・翻案権等（編曲・変形・脚色等含む）
⑪　二次的著作物（著作物を翻訳・編曲・変形・脚色・映画化・その他翻案することにより創作した著作物のこと）の利用に関する原著作権者の権利

2●著作権の帰属

　上記のような権利は、原則としてその著作物（作品）を生み出した人たちに帰属するので、一定の例外（純粋に私的使用のための複製や、視覚・聴覚障害者のための放送や点字複製等）を除き、第三者が無断で著作物を利用して不当に利益を上げることは許されません。たとえば、あるアニメのキャラクターのイラストを無断でプリントしたグッズを販売したり、他人が著した小説や詩の一節、他人が作曲した音楽の一部を勝手に抜き出してあたかもオリジナル作品のように見せかけたものによって利益を上げるなど、形態は様々です。最近はパソコンに取り込んだＣＧ等の画像に関する著作権も問題となっています。

3●著作権違反にならないために

　上記の設問ように「仕入先から画像を使用する許可を受けた」場合、仕入先（著作権を有する側）の「許可」がある以上、自由に画像を利用してよいようにも思えます。しかし、仕入先も、その画像に関し「何もかも許している」という趣旨で許可を与えたのではないと思われます。
　たとえば、その画像を仕入先との取決めの目的外に利用したり、著しい改変を加えて全く別の画像として利用したり、無断で全くの第三者に画像を譲渡・転貸したりすることは、許されていないといえるでしょう。ただし、場合によっては、その画像を縮小使用すること、文字を入

れること等を許している場合もあります。

　もし、当該画像に関し、仕入先とあらかじめ契約書や覚書等を取り交わしていた場合は、今一度その内容を相互に確認した上で、

(1)　当該画像を使用する目的・使用してよい場合

(2)　許される利用の範囲（加工の可否や許される範囲、拡大・縮小の可否や許される範囲、文字を入れてよいか否か等）

(3)　第三者への譲渡・転貸について（一切許されないとするのか、仕入先から別途許可があれば許されるのか）

(4)　上記取り決めに違反した場合の措置（損害賠償や契約解除等）

などをなるべく詳細に取り決めておき、後々に紛争にならないようにするのが望ましいといえます。契約書等がない場合は、新たに作成するのが望ましいと考えます。

　なお、ビジネス等で大量の画像等を継続的に使用する必要がある場合には、当該画像等の著作権（著作者人格権を除く）をあらかじめすべて譲り渡すことも考えられます。この場合には、契約書等に「全ての著作権（著作権法第27条及第28条の権利を含む）を譲渡する」などといった条項を入れる場合が多いでしょう。また、著作権を分割して一部のみを譲渡することも可能です。

　著作権に関する詳細は、文化庁のホームページ（http://www.bunka.go.jp/）も参照してください。

Q37
技術情報に関する契約を締結する際、どのようなことに注意すればよいでしょうか？

A 上記技術情報に関する契約を締結する際に注意すべきことには、
① 契約締結の目的となるプログラムやデータベースの内容・定義
② 相手方が当該プログラムやデータベースを使用できる場合・使用してよい範囲
③ 相手方が当該プログラムやデータベースについて行ってはいけない事項・遵守すべき事項
④ 相手方が上記遵守事項に違反した場合の措置（損害賠償・契約の解除等）

などがあげられます。

....

「技術情報」とは、事案によってそれぞれ少しずつ定義は異なるかもしれませんが、主にプログラム・ソフトウェア商品（○○ドキュメント、○○プログラム、○○ファイル、○○アプリケーション等の名称がつくもの）のことをいいます。これらは、著作権が保護されるものの一つとして考えられています。最近では、特にその権利を保護する重要性が増しています。

著作権法においても、
① プログラム：電子計算機を機能させて一の結果を得ることができるように、これに対する指令を組み合わせたものとして表現したもの

②　データベース：論文・数値・図形その他の情報の集合物であっ
　　　　　　　　　て、これらの情報を電子計算機を用いて検索する
　　　　　　　　　ことができるように体系的に構成したもの
③　データベース以外の編集物でその素材の選択・配列によって創作
　　性を有するもの

は、ともに保護される対象となっています。

なお、プログラムを表現する手段としての「プログラム言語」、特定のプログラムにおける前号のプログラム言語の用法についての特別の約束である「規約」、およびプログラムにおける電子計算機に対する指令の組合せの方法である「解法」には、著作権法の保護は及びません。

また、「③　**相手方が当該プログラムやデータベースについて行ってはいけない事項・遵守すべき事項**」には、

　ア．目的外利用
　イ．第三者への譲渡や貸与
　ウ．内容の変更や削除等
　エ．当該プログラムやデータベースを利用した新製品の開発
　オ．商品名やロゴの使用
　カ．第三者との紛争の際の解決方法

等があります。

技術情報においても、**Q36** と同様、相手方と相互に取決め内容を確認し、それらを契約書・覚書等の形に表しておくことが、後の紛争を防ぐ手段となりえます。

なお、他の注意点についても、**Q36** を参照してください。

Q38
不正競争防止法上の営業秘密として保護されるために必要となる要件は何ですか。裁判例上の「ミニマム」の管理水準と、「望ましい」管理水準の２つについてそれぞれ教えてください。

A 営業秘密の要件としては、以下の３つが必要です。
① 秘密として管理されていること（秘密管理性）
② 有用な情報であること（有用性）
③ 公然と知られていないこと（非公知性）

そして、営業秘密を保護するための管理のあり方については、「物理的・技術的管理」、「人的管理」、「組織的管理」に大きく分けられ、それぞれに裁判例が示した「ミニマム」な水準と、それ以上の「望ましい」水準とが設けられています。

----

1 ●営業秘密の管理

まず、「営業秘密の管理」は、
① 自社にとって大事な情報を大切に保護すること
② 自社の従業員が、他社の営業秘密を侵害しないこと
③ 企業と従業員とが共通の意識を持って取り組むこと

の３つの意義を有しています。

まず①は、企業が自らの強みを明確に意識して、それを他社が容易に真似できないように自衛策を講じ、自社と他社との差別化を図ることによって自社の企業価値を高めるために重要なことです。

次に②は、昨今、企業のコンプライアンス（法令遵守）が重視されるようになり、その一環として、自社の営業秘密の漏えい防止の観点から重要です。

さらに③は、実際に営業秘密を扱うのは「人」ですから、その「人」という要素に着目するという点で重要です。

2●管理水準

以下に、それぞれの水準をまとめました。

【物理的・技術的管理の場合】

裁判例のミニマム水準	● 自己の営業に関する情報が記載された書面には「秘」の印を押印した上で、施錠可能な書類保管用書庫に保管し、同書庫の鍵は、施錠可能な代表者の机に保管している ● データベースの管理者を、原則としてコンピューター管理を担当する1名の従業者に限定している ● 印字された顧客名簿を、施錠されている保管室に保管するとともに、7年経過後に、原告従業員立会いの下に、専門業者に焼却を依頼している ● 事務所内に外部の者が訪れた場合には、受付において応対し、社員が応接室に案内することとなっており、カウンター内に本社社員以外の者が入ることはできないようにしている ● データベースは、会社外部と電気通信回線で接続されていないサーバ・コンピュータシステムにより作成・保管し、日々の業務が終了するごとに同システムに接続されたコンピュータの各端末の電源のみならず、サーバ・コンピュータ自体の電源を切ることとしている
望ましい水準	● 秘密情報はその他の情報と区分して管理する ● 情報については、秘密性のレベル（「厳秘」「秘」「取扱注意」等）を決め、レベルに応じた管理を行う ● ㊙マーク等を付す ● 他社の営業秘密が混入しないように、出所を明示する ● 誰がどの営業秘密にアクセスできるかをあらかじめ特定する ● 営業秘密へのアクセス記録を残す

望ましい水準	● 営業秘密を記録した媒体は、施錠可能な保管庫に、施錠した上で保管する ● 営業秘密を記録した媒体の持ち出しを制限する ● 営業秘密を記録した媒体を破棄する際には、焼却やシュレッダーによる処理、溶解、破壊等の措置を講ずる ● 営業秘密を記録した媒体が保管されている場所を施錠する ● 営業秘密を記録した媒体が保管されている施設への入退室を制限する ● 事前に電磁的記録に記録されている営業秘密の管理方法やデータ複製、バックアップを行う際などのルールをマニュアル化・システム化する ● コンピュータやファイルそのものの閲覧に関するIDやパスワードを設定する ● アクセス記録をモニタリングする ● 情報セキュリティの管理者が退職した際には管理者パスワードを確実に変更する ● 営業秘密を管理しているコンピュータを、何らかの形で外部ネットワークから遮断する(インターネットに接続しない、ファイアーウォール設置等) ● ファイル交換ソフトウェアや不必要なソフトウェアをインストールしない ● 秘密情報を使用・保管していたコンピュータ・サーバ等のコンピュータ機器類を廃棄、譲渡する場合に、データの復元ができない方法により記録を消去する ● 上記の場合に、コンピュータ機器等を物理的に破壊する

【人的管理の場合】

裁判例のミニマム水準	● 新規採用社員に対して、原告が保管する営業資料について、営業活動以外への使用の禁止を徹底指導している ● 従業者に対し、会社の業務上秘密を他に漏らさないことを義務づけ、新入社員の入社時にもその旨指導するなどしている

裁判例のミニマム水準	● 従業者に対し、毎朝行っている朝礼において、随時、新聞等に掲載された営業秘密に関する事件を紹介するなどの教育を行っている ● 就業規則に、社員は、会社が指示した秘密事項を自己の担当たると否とを問わず、一切外部に漏らしてはならず、秘密事項を発表しなければならないときは、原告の許可を受けなければならない旨の規定を設けている
望ましい水準	● 組織体制内に教育・研修責任者を設置し、秘密管理の重要性や管理組織の概要、具体的な秘密管理のルールについて、日常的に教育・研修を実施する ● 就業規則や各種規程に秘密保持義務を規定し、在職中の役員・従業員が負う秘密保持義務を明らかにしておくこと ● 退職者に秘密保持義務を課す場合には、対象を明確にした秘密保持契約を締結すること（退職者に競業避止義務を課す場合、競業制限の期間や場所的範囲、制限する業種の範囲等が「合理的範囲内」の制限でなければ、競業避止義務の有効性が認められない点に注意） ● 派遣従業員に対して秘密保持義務を課す場合には、雇用主である派遣元事業主との間で秘密保持契約を締結し、派遣元事業者が派遣先に対し、派遣従業者による秘密保持に関する責任を負うこととする ● 他の会社からの転職者を採用する場合、他社の情報に関するトラブルを回避する観点から、転職者が前職で負っていた秘密保持義務や競業避止義務の内容を確認すること・採用後も業務内容を定期的に確認すること ● 「営業秘密」を取引先に開示する場合、「秘密管理性」を維持するためには、秘密保持義務を含んだ契約を締結すること ● 取引先の「営業秘密」を取得する場合、それが自社情報との間で、情報の混入（コンタミネーション）を生じないような対応（相手方に正当な開示権限の有無を確認する、窓口を一本化する、取得した営業秘密の使用目的等について契約を締結する等）が必要

【組織的管理の場合】

裁判例のミニマム水準	●印字された顧客名簿を外部へ持ち出す場合には、顧客名簿社外持出許可書の用紙に必要事項を記入し、社長の決裁を受けることとする ●外部から派遣社員あてに電話がかかってきたような際も、直ちに派遣社員の派遣先を教えることはせず、いったん電話を切り、改めて確認の上、派遣社員自身から連絡するように周知徹底している ●「会社の仕入先リスト、顧客先リスト、仕入マニュアル、営業マニュアルなどは会社の最も重要な営業秘密であることを認識し、十分注意して社外に持ち出すことを禁止すること」、「業務上の機密に属することは在職中はもちろん、退職後も、これを会社の目的以外に使用しないこと及び他に漏洩しないこと」等を内容とする「従業員就業規則」と題する書面を作成し、これを原告の営業所内のホワイトボード上に掲示している
望ましい水準	●Ｐｌａｎ＝管理方針等の策定（基本方針の策定・実施計画の策定・ルールの構築・各種規程の文書化） ●Ｄｏ＝実施（責任者とその権限の明確化・責務の着実な実施・周知徹底、教育・リスク顕在化への対応） ●Ａｃｔ＝見直し（モニタリング、監査結果の活用、分析・管理方針等の見直し） ●Ｃｈｅｃｋ＝管理状況のチェック（日常的なモニタリング・内部監査・外部監査・監査結果の記録）

Q39

不正競争防止法(以下、「同法」という)における営業秘密についての規定が過去に何度か改正されましたが、そのポイントについて教えてください。

A 同法における営業秘密についての規定は、平成2年・15年5月・17年6月・18年6月の4回、改正を受けています。

1●平成2年の改正

まず平成2年の改正では、営業秘密の不正取得・使用・開示行為が差止請求、損害賠償請求等の対象となりました。

差止請求とは、不正競争(同法第2条参照)によって営業上の利益が侵害され、または侵害されるおそれがある者が、その営業上の利益を侵害する者または侵害するおそれがある者に対し、その侵害の防止または予防を請求することをいいます。また、この中には、侵害行為を組成した物の廃棄、侵害行為に供した設備の除却その他の侵害の停止または予防に必要な行為を請求することも含まれます。

2●平成15年の改正

次に平成15年の改正では、営業秘密の不正使用・開示行為等が、刑事罰の対象となりました。具体的には、

① 営業秘密を不正取得(詐欺、恐喝、強盗、記録媒体の窃取、不正アクセス等)し、不正競争の目的で、使用または開示(ホームページへの掲載、売却等)すること
② 媒体等の取得または複製の作成行為に限定した予備的行為をすること

③　営業秘密の記録媒体等を正当取得した後の横領・背任行為をすること
④　役員または従業者の背任行為

を処罰の対象としています。

ただし、内部告発の自由・取材報道の自由・転職の自由という3つの観点から、一定の範囲で刑事処分に触れさせない配慮がなされています。

3●平成17年の改正

次に平成17年の改正では、営業秘密の国外使用・開示行為の処罰等、刑事的保護の強化が図られました。具体的には、

①　日本国内で管理されている営業秘密につき、日本国外で使用または開示した者も処罰の対象とした
②　営業秘密が関係する民事訴訟における裁判所の秘密保持命令に日本国外で違反した者を処罰の対象とした
③　元役員・元従業員による媒体取得・複製を伴わない営業秘密の不正使用・開示について、在職中に申し込みや請託があるようなケースを処罰の対象とした
④　営業秘密にアクセスする権限がない者が行った営業秘密侵害罪の犯人の属する法人について、法人処罰を導入した
⑤　罰則の上限を全体的に引上げ、懲役刑と罰金刑の併科を導入した

4●平成18年の改正

最後に平成18年の改正では、さらに刑事罰が強化されることになりました。この改正法は、平成19年1月1日から施行となっています。

不正競争防止法が改正されるたび、営業秘密に対する保護が厚くなってきています。これは、企業だけでなく政府や一般国民も、営業秘密の重要さを認識していることの表れでもありましょう。

Q40
自社が開発した製品は、どのような場合に特許権が認められますか？

A 特許の対象となる「発明」とは、①産業上利用できる発明であること、②新規性・進歩性のある発明であること、③先願の発明であること、④公序良俗を害するおそれがないこと、などの要件を満たす必要があります。

....

1●特許権とは
　特許権とは、新規で有用な発明をした者に対し、一定の期間（一般的には出願日から20年間）にわたり、①その発明を独占的に実施できること、②他人にその特許発明を実施許諾できること、などを認める権利で、特許庁に出願し、所定の手続き・審査を経て、登録が認められてはじめて発生します。

2●特許権が認められる要件
　実際によく問題となり争われるのは、「発明の新規性・進歩性」です。「新規性」とは、その発明が出願以前に知られていないことをいい、すでに公然に知られていたり、実施されていたり、書籍やインターネットで公衆に利用可能となっていた場合には新規性はないと判断されます。したがって、特許出願前に商品を対外的に発表してしまっていたような場合、原則として新規性は否定されます。ただし、①試験のための実施、②刊行物への発表、③特許庁長官が指定する学術団体が開催する研究集会で文書をもって発表、④特許を受ける権利を有する者の意に反する場合、⑤博覧会出品の場合は例外とされています。
　「産業上利用できない発明」とは、①自然法則そのもの（万有引力の法

則など)、②単なる発見（新種生物の発見など)、③自然法則に反するもの（実現性のないものなど)、④自然法則以外の法則を利用したもの（数学の公式など)、⑤技術的思想ではないもの（技能や絵画など）などで、このような場合は「発明」とは認められません。また、「進歩性」とは、その発明が容易に思いつくものではないことをいいます。たとえば、すでに発明されている物を単に組み合わせただけのものや、用途や形状を変更しただけのものは、進歩性がなく「発明」とはみなされません。

3● 「ビジネスモデル特許」とは

　一時期、「ビジネスモデル特許」という言葉が巷で氾濫していましたが、ビジネスモデル特許という特殊な特許があるのではありません。あくまで特許の要件を満たす以上は、ビジネスモデルであっても一般の特許の対象となるということです。ただし、自然法則を利用したものでなければならず、ビジネスのやり方または仕組みそのものは人為的な取決めに過ぎませんから、保護の対象ではありませんが、これを実現するためのコンピュータを用いたソフトウェアやシステムは自然法則を利用したものである以上、特許の対象となります。したがって、ビジネスモデル特許は一般的には、ＩＴを用いた新たなビジネスの手法や仕組に関する発明ということになりましょう。

　もっとも、ビジネスモデル特許として認められるためには必ずＩＴが必要というわけではありません。自然法則を利用していると判断されればよいのであって、例はまだまだ少ないですが、実際にＩＴを使わずに登録されたビジネスモデル特許もあります。たとえば、オートカフェ特許（特許第204933号)。これは、来店したお客が自動食器貸し器に硬貨を投入し食器を借り受け、その器に飲食物供給装置より飲食物を入れテーブルに運んで飲食するようにした自動飲食店というものです。これは、「自動食器貸し器」や「飲食物供給装置」というハードウェアがあることによって、発明として認められたものといえます。

Q41

自社の製品について特許をとった場合、競合他社のどのような行為が特許権の侵害といえるのですか？ 侵害といえるときはどうすればいいのですか？

A 特許発明による商品と類似の商品が製造販売されたときなど、正当な権原なく、特許発明を事業として、使用・譲渡等した場合、特許権を侵害したことになります。またこれには"その物の生産のみに使用する物"の生産等、予備的行為も含まれます。これらを侵害した場合は、保証金や民事上の請求をすることができます。

・・・

1●特許権侵害となる場合

「特許権者は、業として特許発明の実施をする権利を専有する」(特許法第68条)とされていますから、正当な権原なく、特許発明を「業として」「実施」すれば、特許権を侵害したことになります。

「業として」とは、事業としてということであり、家庭用や個人用ではないということです。「実施」とは、「物の発明の場合」、その物の生産、使用、譲渡、輸入、譲渡等の申出をする行為をいい、「物を生産する方法の発明」の場合は、その方法を使用すること、その方法によって生産した物の使用、譲渡、輸入、譲渡等の申出をする行為をいいます。

また、実施には、侵害につながるような予備的な行為も含まれます。たとえば、物の発明の場合には"その物の生産にのみ使用する物"の生産等も含まれることになり、方法の発明の場合には"その発明の実施にのみ使用する物"の生産等も含まれることになります。

2●特許権侵害の効果

　出願公開された発明を他人が実施している場合、出願者は実施している者に対して補償金を請求することができます。この補償金請求権は、出願公開された発明の他人による実施状態を救済し、その他人の実施がなければ、出願人がより多く得たと思われる利益の喪失を補償するもので、実施料相当額とされ、特許権の設定登録があった後、3年間行使できます。ただし、この補償金請求権を行使するためには、出願人は特許出願にかかる発明の内容を記載した書面（警告書）を提示して警告する必要があります。

　次に民事上の請求としては、①差止め請求、②損害賠償請求、③不当利得返還請求、④信用回復の措置請求が可能です。①は、相手方に発明の実施を中止させることであり、相手方の故意・過失がなく全く独自に開発して実施していた場合であっても請求することができます。②は不法行為に基づくものですから、相手方の故意・過失が要件となります。賠償額の算定にあたっては、いくつかの方法があります。まず、特許権を侵害する行為がなかったなら、特許権者がその分利益を得ることができた製品についての1個当たりの利益に、侵害者の販売個数を乗じた額を損害額と推定する方法（特許法第102条第1項）、侵害者が侵害行為によって受けた利益の額を権利者の損害額と推定する方法（同条第2項）、実施料相当額で推定する方法（同条第3項）があり、実施料相当額は売上高の3％前後と認定されることが多いようです。③は、相手方の故意・過失がなく、②の請求ができない場合でも、相手方に生じた利得の返還を請求できるものです。④は、相手方の故意・過失による侵害のために業務上の信用を害された場合に、裁判所に対し、信用を回復するために必要な措置、たとえば謝罪広告を求めるものです（特許法第106条）。

　さらに、故意で特許権を侵害した場合には、侵害した者に加え、法人に対しても、刑事上の責任（個人は、5年以下の懲役または500万円以下の罰金、法人は1億円～1億5,000万円以下の罰金）を追及することができます。

Q42
自社の開発した製品に実用新案権が認められるのはどのような場合ですか? 特許と何が違うのですか?

A 実用新案権は、出願すれば権利が発生し、原則として10年存続します。特許権とは、出願後に審査が行われる点で異なります。

1●実用新案権と特許権との違い

特許権と同じくアイデアを対象とするのが、実用新案権です。実用新案権は特許が対象とする「発明」ほどレベルの高くない「考案」を対象としています。

特許権が物の発明に加え、方法の発明も対象とされていたのに対して、実用新案権は「物品の形状・構造または組み合わせ」に関するものに限定されており、方法については権利の対象となっていません。

特許権の場合には、出願後に審査請求することにより審査が行われますが、実用新案権の場合には、審査は行われず、原則として出願すれば権利が発生し、また、特許権の存続期間は出願日から20年であるのに対して、実用新案権の存続期間は出願日から10年とされています。

また、実用新案権では、権利取得後に審査官が権利の有効性について評価する「実用新案技術評価書制度」があり、侵害者に対して実用新案権を行使する際には、実用新案技術評価書を侵害者に提示して警告した上で行使しなければなりません。他方で、侵害者に対して実用新案権を行使した後で、無効審判が請求されて実用新案権が無効にされた場合には、その相手方に対して損害賠償しなければならない場合があります(無過失賠償責任制度)。

2●実用新案権のメリットとデメリット

　実用新案権のメリットとしては、①無審査で権利化されるので、早期に権利化できること（平均4か月）、②実用新案権を取得するために納付する必要がある出願手数料・登録料が特許権と比べると安価であり、高額な審査請求料を納付する必要もないこと、があげられます。

　これに対して、デメリットとしては、①無審査で権利化されるので、無効審判が請求された場合には無効にされやすく、特許権よりも権利として弱いこと、②実用新案権の存続期間のほうがはるかに短いこと、③権利行使の際には、実用新案技術評価書を侵害者に提示して警告する必要があり、権利者にとって不利な評価が出された場合には、権利行使の上で非常に不利になること、④実用新案権を取得した後であっても、無効審判で実用新案権が無効にされた場合に損害賠償責任が生じる可能性があり、安心して権利行使できないこと、⑤実用新案技術評価書を侵害者に提示して警告した後の行為についての損害賠償しか請求できないため、警告を行うまで第三者の侵害行為を助長しやすいこと、などがあげられます。

3●実用新案権から特許権へ

　平成17年4月から施行された改正実用新案法により、実用新案権として設定登録された後も、実用新案登録出願から3年以内であれば、実用新案登録に基づいて特許出願を行うことが可能となりました。

　なお、出願人または実用新案権者による評価請求があった場合、また他人による評価請求があり、他人から評価請求があった旨の最初の通知から30日を経過した後は、実用新案登録に基づく特許出願を行うことができません。また、実用新案登録に無効審判請求があった場合、最初の答弁書提出可能期間を経過した後も実用新案登録に基づく特許出願を行うことはできません。

Q43
自社製品の海賊版を見つけたらどうすればよいですか？

A まず、現物を入手し、侵害の有無を判断する必要があります。模倣品・海賊版であると判断した場合には、流通ルートを遡り、製造を防止させるよう手続きをとり、被害を最小限に抑えることが必要です。

1●調　査

販売店で自社製品の模倣品・海賊版を見つけたときは、流通業者から製造業者へと流通ルートを遡っていく必要があります。模倣品・海賊版の被害を防止するためには、製造を防止するのがもっとも有効な手段だからです。裁判の証処とするため、模倣品・海賊版の現物を入手してください。販売店から入手するのが手っ取り早い方法ですが、その際には、レシートや広告、チラシ、パンフレット、インターネットのホームページに掲載された広告をプリントアウトしておくことも有効です。

2●権利の行使

自社製品を模倣品・海賊版から守るためには、特許権、実用新案権、意匠権、商標権、著作権などのいずれかを持っているなら、その権利を行使して模倣品・海賊版の製造、販売、輸入などを防ぐことが考えられます。このうち、著作権以外の権利は、登録が必要です。もっとも、このような権利がない場合でも、不正競争防止法によって保護される余地があります。商品が消費者の間で広く認識されていたり、著名な場合などは、製造の中止や損害賠償請求できる可能性があります。

3 ●税関での輸入差止め

　模倣品・海賊版が海外から流入している場合は、輸入差止めという手段をとることが可能です。輸入差止めには、税関が自主的に行う場合と、権利者や輸入者等の申立てに基づいてなされる場合の2通りがありますが、どちらの場合も、輸入を差し止めるかどうかは、「認定手続」という手続きを経て決定されます。

　認定手続とは、税関が、輸入申告された貨物や国際郵便物が知的財産権を侵害する物品ではないかとの疑いを持った場合に、それが知的財産権を侵害するものと言えるかどうかを認定するための手続きです。

　認定手続が開始される場合には、その貨物等を発見した税関に所属する知的財産調査官または知的財産担当官から、権利者および輸入者それぞれに書面で通知が届きます。権利者・輸入者は、一定期限内にそれぞれ税関に対して自分の意見を述べ、証拠を提出します。知的財産調査官・担当官は、これらの意見や証拠によって、その貨物等が知的財産権を侵害するものかどうかを認定します。

4 ●輸入差止申立て

　輸入差止申立制度とは、特許権、実用新案権、意匠権、商標権、著作権、著作隣接権または育成者権を有する者が、模倣品・海賊版が輸入されようとする場合に、税関に対してその輸入差止めを申し立てる制度です。税関は、申立てられた模倣品・海賊版が実際に輸入申告されたものを発見した場合、認定手続を開始しなければなりません。

Q44
自社の商品とまぎらわしい名前の商品を見つけました。その商品を製造・販売している会社に対して、何か請求できますか？

A 自社商品の名前を商標登録している場合には、商標権の侵害として、相手方に対して、商品名の使用の差し止め、さらに損害賠償請求ができます。

・・

1 ●商標とは

商標とは、商品やサービスにつけるネーミングやマークのことをいいます。これは特許庁に登録しなければ、商標権として保護されません。

商標権者は、設定の登録から10年間（ただし、存続期間は更新することができる）の存続期間内において、商標登録出願に係る商標を使用する商品または役務（「指定商品」または「指定役務」という）について、登録商標を使用する権利を専有しています。

そこで、登録商標と同一の指定商品・指定役務に登録商標を使用する行為は商標権の侵害とされます。

また、指定商品・指定役務に同一もしくは類似する商品・役務に登録商標に類似する商標を使用する行為または指定商品・指定役務に類似する商品・役務に登録商標を使用する行為も侵害とみなされます。

このように、指定商品・指定役務に類似する商品・役務に、登録商標または登録商標に類似する商標を使用する行為も商標権の侵害とみなされるため、商標権侵害にあたるかどうかの判断においては、商標の類似や、商品・役務の類似が問題とされます。

2●侵害といえるかどうかの基準

商標の類否の判断にあたっては、商標の見た目（外観）・読み方（呼称）・一般的な印象（観念）の類似性の検討に加え、取引の実情を考慮して、総合的に出所混同のおそれがあるかどうかを、取引者や一般の需要者が商品購入時に通常払うであろう注意の程度を基準として判断します。

なお、外観、呼称、観念が個別的には類似しない場合であっても、具体的取引状況によっては、これらの基準の総合的な類似性の有無を判断すべきとされることがあります。

3●先に商標を使用していた場合

他人の商標登録出願の以前から、その登録商標を使用していた場合、侵害とはされないことがあります。

不正競争の目的でなく、他人の登録商標の指定商品・指定サービスと同じか類似する商品・サービスに、その商標と同一または類似する商標を使用しており、その商標が需要者の間で広く認識されていたときは、その者はその商標を引き続き使用する権利があるとされているのです。

4●先行商標の調査

新規事業を立ち上げたり、新たな商品を開発して、そのネーミングを考える場合、他人の商標権を侵害しているかどうか、十分に調査する必要があります。

このとき便利なのが、特許庁が提供している商標検索サービスです。これを使えばとりあえず、自社がつけようとしていたネーミングと同一または類似の商標が、どのような商品・役務で登録されているか、またいないかが判明します。

同一また類似の先行登録商標があったとしても、指定商品や指定役務との関係で自社商品または役務と何ら抵触しない場合もあるので注意が必要です。

Q45
自社商品のデザインとそっくりの商品をデパートで発見しました。どうすればよいですか？

A 自社商品のデザインが意匠登録されていれば、そっくりのデザインを無断で使用した第三者に対し、使用の差止め請求、損害賠償請求が可能です。また、意匠登録されていない場合であっても、自社商品のデザインが著名なものであった場合には、第三者に対し、差止めや損害賠償請求が認められる場合があります。

・・・・・・・・・・・・・・・・・・・・・・・・・・・・・・・・・・・・・・・

1 ●意匠権とは

　意匠権とは、特許権や実用新案権が技術のアイデアを保護するのと異なり、モノのデザインを保護する権利です。モノにはすべてデザインがあり、これがその製品の商品価値を決めるという場合もあります。ただし、どのようなデザインでも保護されるわけではなく、新規性・創作性のあることが必要です。また、工業上利用できないもの、たとえば自然物を主体としたもので量産できないもの、土地建物などの不動産、絵画などの美術作品（もっとも著作権で保護されます）などは意匠の対象とはなりません。

2 ●システムデザインと商品の一部のデザイン

　意匠は、本来、1つのモノごとに1つのデザインが権利として認められますが、例外的に、下着セットや応接家具セット、オーディオセットなど一定の種類に限って、システムデザインとして全体のデザインが意匠権として保護されています。

　この場合には、部分ごとに修正を加えても、全体としてのデザインが

類似していれば、権利侵害として認められる可能性があります。
　さらに、システムデザインとは対照的にモノの一部のデザインも、「部分意匠」として意匠権は認められます。

3●意匠権の侵害

　意匠権者は、登録意匠またはこれに類似する意匠を独占的に実施することができます。意匠権者から実施を許諾されていないにもかかわらず、第三者が「業として」登録意匠またはそれに類似する意匠を製造・販売等を行った場合には、意匠権の侵害となります。
　意匠の内容は、意匠登録出願の際に提出した願書および添付した図面の記載そのものになりますが、意匠権の権利範囲は登録意匠のみならず、これに類似する意匠にまで及ぶため、意匠権の侵害にあたるかどうかを判断する際には、意匠の類否が問題となります。
　具体的な類否判断は、(1)両意匠の全体的な構成態様と具体的な構成態様、および(2)両意匠の要部（創作が特徴的な部分、その物品の使用時によく目につく部分等）を認定した上で、両意匠を対比した結果、(3)両意匠の要部の態様が共通している場合や、(4)要部に差異があってもそれがわずかであったり、ありふれた態様である場合には両意匠は類似すると判断されるのが一般的です。

4●不正競争防止法上の保護

　自社商品のデザインが意匠登録されていない場合であっても、自社商品のデザインが著名なものであったり、周知性を有する場合には、不正競争防止法によって、保護される場合があります。この場合には、侵害している第三者に対して、差止めや損害賠償請求が認められます。

Q46
著作権はどうすれば取得できるのですか？

A 著作権は、著作者がその著作物について、その保護期間（原則として著作物の創作時に始まり、著作者の死後50年を経過するまでの間）内において、独占的に複製や翻訳、翻案などの法定の行為を行うことができる権利で、権利を得るための手続きを何ら必要とせず、著作物を創作した時点で自動的に権利が発生（無方式主義）します。

1●著作物

著作権が発生するためには、その対象となるものが著作物といえなければなりません。

著作物とは、文化的な創作物のことをいい、文芸、学術、美術、音楽などのジャンルに入り、人間の思想、感情を創作的に表現したもののことです。また、それを創作した人が著作者です。

2●著作権の種類

著作権には、そこから派生して様々な権利が認められています。

●公表権	自分の著作物で、まだ公表されていないものを公表するかしないか、するとすれば、いつ、どのような方法で公表するかを決めることができる権利
●氏名表示権	自分の著作物を公表するときに、著作者名を表示するかしないか、するとすれば、実名か変名かを決めることができる権利
●同一性保持権	自分の著作物の内容または題号を自分の意に反して勝手に改変されない権利

● 複製権	著作物を印刷、写真、複写、録音、録画などの方法によって有形的に再製する権利
● 上演権・演奏権	著作物を公に上演したり、演奏したりする権利
● 上映権	著作物を公に上映する権利
● 公衆送信権・伝達権	著作物を自動公衆送信したり、放送したり、有線放送したり、また、それらの公衆送信された著作物を受信装置を使って公に伝達する権利
● 口述権	著作物を朗読などの方法により口頭で公に伝える権利
● 展示権	美術の著作物と未発行の写真著作物の原作品を公に展示する権利
● 頒布権	映画の著作物の複製物を頒布(販売・貸与など)する権利
● 譲渡権	映画以外の著作物の原作品または複製物を公衆へ譲渡する権利
● 貸与権	映画以外の著作物の複製物を公衆へ貸与する権利
● 翻訳権・翻案権	著作物を翻訳、編曲、変形、翻案する権利(二次的著作物を創作することに及ぶ権利)
● 二次的著作物利用権	自分の著作物を原作品とする二次的著作物を利用(上記の各権利に係る行為)することについて、二次的著作物の著作権者がもつものと同じ権利

3 ● 著作権侵害にあたるか否かの基準

　著作権侵害にあたるか否かは、対象物がもとの著作物に類似しているかどうかに関わりますが、これは、もとの著作物の本質的な特徴を対象物から直接感得することができるかどうかという基準や対象物からもとの著作物の内容や形式を覚知させるに足りるかどうかという基準によって判断される場合もあります。

　ある著作物を部分的に複製や翻訳等をした場合であっても、その部分に著作物性、すなわち思想または感情の創作的表現が認められるのであれば、その部分に関しては著作権侵害があるということになりますが、単に、事実やアイデアなどが共通しているというだけでは著作権侵害であるとはいえません。

第5章

EC(Electronic Commerce)ビジネスに関する法律実務

Q47
ネットショップを始めるにあたって注意すべき法律にはどんなものがありますか？

A EC（Electronic Commerce）、つまり電子商取引に際して注意する法律はいくつもありますが、主に業種ごとに注意する法律、ウェブページで注意する法律、取引で注意する法律などに分類できます。

1●業種ごとで一般に注意する法律

どんな業種であれ、新しく事業を始めたり取引をするには、その業種を律する法律や業法に注意すべきです。

たとえば、扱う商品が中古品なら古物営業法、不動産なら宅地建物取引業法、医薬品なら薬事法、酒類なら酒税法といった法律です。扱う商品によっては免許等の必要が生じるものもあります。

2●ウェブページで一般に注意する法律

ネットショップで商取引をするに際しては、それ専用もしくは特化したウェブページをつくるはずですが、他人のつくったキャラクター、写真（画像）、サウンド等を使う場合は、「著作権法違反」ではないか注意しましょう。

また、そもそもこれからネット取引用のアドレス（ドメイン）を取得しようというのなら、「商標法」や「不正競争防止法」にも注意すべきです。たとえば、他人の商号や商標に似たドメイン名を使用すると、不正競争防止法違反によって、損害賠償義務が生じるケースもあります。

3 ● ネット取引で特に注意する法律

ネット取引で特に注意すべきなのは、「特定商取引に関する法律（特定商取引法）」「消費者契約法」「電子消費者契約及び電子承諾通知に関する民法の特例に関する法律（電子契約法）」および「電子承諾通知に関する民法の特例に関する法律」「特定電子メールの送信の適正化等に関する法律」「不当景品類及び不当表示防止法（景表法）」「個人情報の保護に関する法律（個人情報保護法）」などです。これらには、ネット取引で必要となる規制が示されています。

また、より一般的には民法、刑法にも注意すべきでしょう。

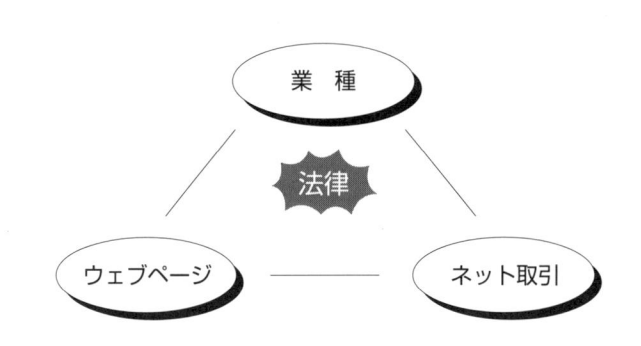

Q48
ネットショップでは、どんな商品も販売できますか？

A ネットショップといっても、事業開始時の制限はリアル店舗と同じです。何の手続きもなしに開業できる業種がある一方で、国や地方公共団体に届出・登録をしないと開業できない業種もあります。

ネット上のショッピングモールに出店する場合でも、届出や登録の手続きは、リアル店舗に出店する手続きやサイトをつくる手続きとは別ですので注意が必要です。また、これまでリアル店舗で営業していた事業をネットショップでも展開したい場合は、開業許可等、開業に必要な法律はある程度クリアになっている分開業時のハードルはそれほど高くないでしょう。

1 ●開業の制限

以下、開業に制限がある業種の例を示します。かっこ内は根拠となる法律ですが、関連する法律が複数ある場合は、代表的なものを1つだけ記載しています。

- 医薬品 ：厚生労働大臣の許可が必要（薬事法）
- 酒　類 ：税務署長の免許が必要（酒税法）
- 食料品 ：厚生労働大臣への届出が必要（食品衛生法）
- 中古品 ：都道府県公安委員会の許可が必要（古物営業法）
- 株　式 ：内閣総理大臣による証券業の登録が必要（証券取引法）
- 不動産 ：都道府県知事による宅建業の登録が必要（宅地建物取引業法）
- 旅　行 ：国土交通大臣の行う登録が必要（旅行業法）
- アダルト商品：都道府県公安委員会への届出が必要（風営法）

2●営業の制限

営業の規制は、その業種を律する法律、いわゆる「業法」で規定されています。

たとえば、法律の名前に「業法」が付いているものには、クリーニング業法、漁業法、鉱業法、古物営業法、質屋営業法、警備業法、建設業法、信託業法、倉庫業法、宅地建物取引業法、保険業法、旅館業法、旅行業法、といった法律などがあります。

【ネットショップで扱う商品の規制】

		食　品	酒　類	中古品	ペット等	その他
許可が必要なもの	取得必須要件	・食品衛生責任者の免許 ・食品衛生法に基づく営業許可の取得	アルコール1度以上の酒類を販売する場合 →一般種類小売業の免許	中古商許可証	イヌ10匹以上飼育・販売する場合 →動物取扱業の許可	・花火・爆竹 ・キャンプ用ガソリン ・カセット式ガスコンロ →保健所 ・医療器具（コンタクトレンズなど） →各都道府県の薬務課
	申請先	保健所	税務署	警察署	保健所	
		・手作りの漬物 ・ケーキ・菓子 ・ジュース ・ジャム ・魚介類 ・乳製品 など	・アルコール1度以上の酒類 ・みりん など	・古本 ・CD・DVD ・古着 ・リサイクル家具 ・アンティーク時計・宝石 ・チケット・金券 など	・小動物（イヌ・ネコ・小鳥） ・八虫類（トカゲ等） など	
許可が不要なもの		・缶詰 ・スナック菓子 ・お茶類 ・コーヒー など	・ブランデーケーキ・ウィスキーボンボン・酒まんじゅう等の菓子類 ・奈良漬 など	―	・ペットのえさ ・昆虫 ・魚類(金魚等) など	

Q49
ネットショップをつくるにあたりドメイン名を取得しようと思いますが、注意すべき法律はありますか？

A これからネットショップ用にドメイン名を取得しようというのなら、不正競争防止法違反や商標権侵害に注意しましょう。たとえば、他人の商標と似たドメイン名を使用すると、サイトの閉鎖を請求されたり、損害賠償を請求されたりするなどのリスクがあります。

・・・

1●不正競争

ドメイン名使用における「不正競争」とは、①不正の利益を得る目的、または他人に損害を加える目的で、②他人の特定商品等表示と同一か類似のドメイン名や、③使用する権利を、④取得、保有、使用する行為（不正競争防止法第2条第1項第12号）をいい、特定商品等表示というのは、人の業務に係る氏名、商号、商標、標章その他の商品または役務を表示するものをいいます。

①は目的の要件ですが、裁判例によれば、不正の利益を得る目的は「公序良俗に反する態様で、自己の利益を不当に図る目的」、他人に損害を加える目的は「他人に対して財産上の損害、信用の失墜等の有形無形の損害を加える目的」と解すべきとされます（東京地判平成14年7月15日）。

具体的には、(1)不当に高額で転売する目的、(2)他人の顧客誘引力を不正に利用する目的、(3)中傷記事やわいせつ情報をアップロードして損害を与える目的などが含まれます。

2●商標権侵害

　商標は、文字、図形、記号等であって、自己の商品等につけて、他人の商品等と区別するものです。

　一方、ドメイン名は、インターネットにおけるコンピュータの所在地情報であって、他人の商品等と区別するものではありません。そのため、他人の商標と同一または類似のドメイン名を取得しても、ネットショップ内で商品等を識別するために「使用」するのでなければ、原則として商標権侵害ではないと考えられます。しかし、無用の紛争は避けるべきでしょう。

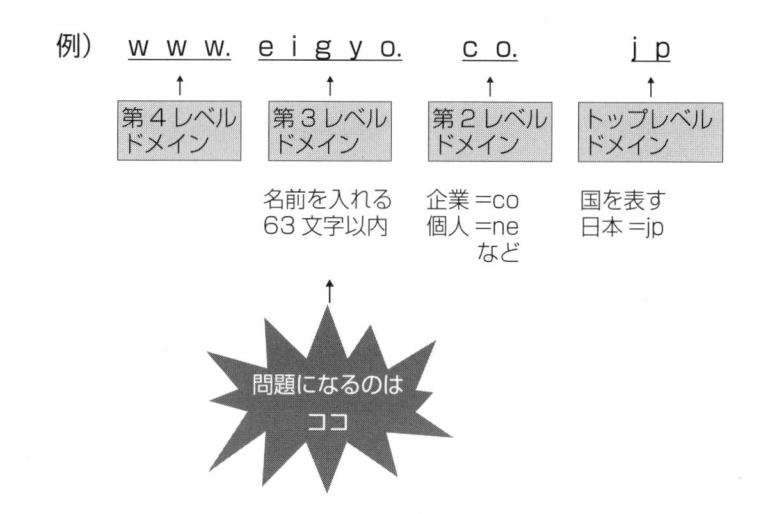

例） www. eigyo. co. jp

↑	↑	↑	↑
第4レベルドメイン	第3レベルドメイン	第2レベルドメイン	トップレベルドメイン
	名前を入れる63文字以内	企業＝co個人＝neなど	国を表す日本＝jp

問題になるのはココ

Q50
ウェブページをつくるにあたって注意すべき法律はありますか？

A ネットショップのウェブページをつくる際には、著作権、とりわけ複製権（著作権法第21条）や公衆送信権（同法第23条）に注意しましょう。スキャン、撮影などの方法で他人の著作物と同じものをつくると複製権侵害になり、ウェブサーバーにアップロードすると公衆送信権侵害になります。あらかじめ、複製と公衆送信について、著作権者の許諾を受けましょう。

1●キャラクター

判例は、漫画のキャラクターは「登場人物の人格ともいうべき抽象的概念」だとして、著作物性を否定しています。しかし、特定の漫画で特定のコマの絵に依拠して描くと、著作権侵害となる可能性があります。

2●商品の写真

自分で撮影した写真なら、原則として著作権侵害になりません。一方、メーカーが撮った写真は、誰が撮っても同じような写真になるというケースでもなければ、著作権侵害となる可能性があります。

なお、商品に商標がついていても、その写真を撮影してウェブページに載せることは、商標権侵害ではないと解されています。

3●ボタンやアイコンの画像

創作性の高い画像は美術の著作物（著作権法第10条第1項第4号）にあたり、勝手に使うと著作権侵害になり得ます。

4●文章の引用

　公表された著作物は、論評、コメントなどの目的で引用することができます（同法第32条第1項）。ただし、出所の明示が必要です（同法第48条）。

5●リンク

　ネットショップからメーカーなどへハイパーリンクを設定しても、ウェブページを複製したわけでもなければウェブサーバーにアップロードしたわけでもないので、原則として著作権侵害にはあたらないと考えられます。

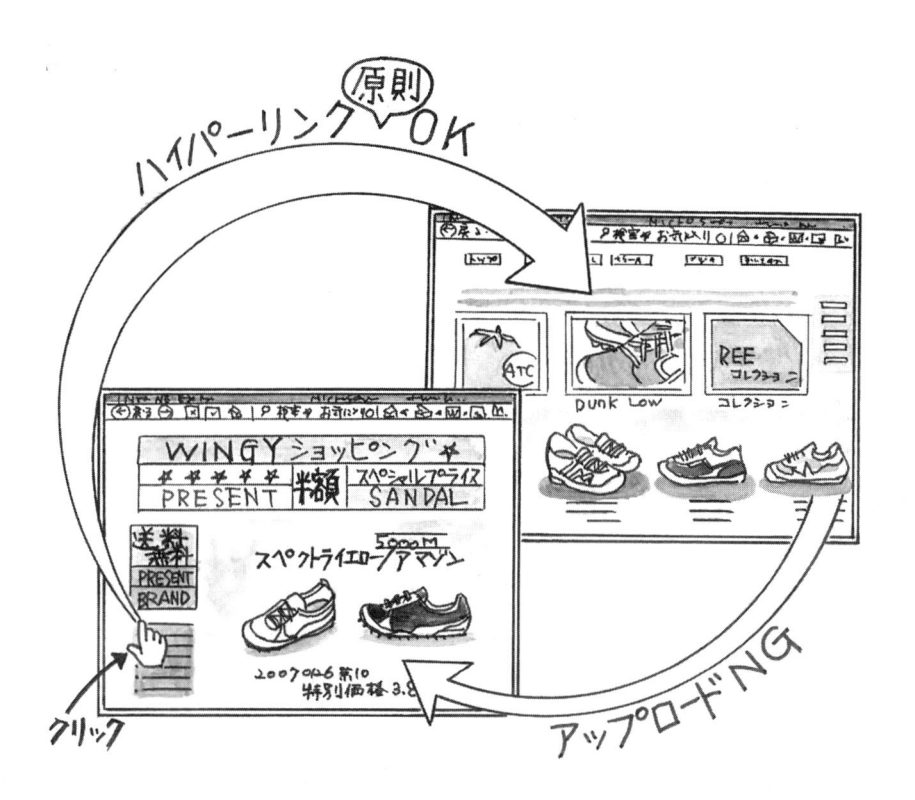

Q51
ネットショップにおいて、ウェブページに必ず表示しなければならない事項はありますか?

A ネットショップは、特定商取引法における「その他の経済産業省令で定める方法」(同法第2条第2項)、つまり特定商取引法施行規則によるとされています。そのためネットショップのサイトには、原則として同法第11条と、特定商取引法施行規則第8条による指定事項を表示する必要があります。

1●特定商取引法の対象
特定商取引法はすべての商品・サービスの提供に適用されるのではなく、「指定商品」または「指定権利」の販売、もしくは「指定役務」の提供だけに適用されます。どんな商品・サービスに適用されるかは、特定商取引法施行令の別表第1〜第3に記載されており、指定商品は57項目、指定権利は3項目、指定役務は20項目あります(平成18年政令第180号)。

2●表示すべき事項
(1) 特定商取引法第11条第1項
  ① 販売価格(送料別の場合は送料も表示)
  ② 支払時期および支払方法
  ③ 商品などの提供時期
  ④ 返品特約について(特約がないときは、返品できない旨を表示)
(2) 特定商取引法施行規則第8条第1項
  ① 販売業者の名称、住所および電話番号

② 法人の代表者または責任者の氏名
③ 申込みの有効期限
④ 販売価格以外に負担すべき金銭の内容と金額
⑤ 瑕疵担保責任の内容
⑥ CD-ROM等によるソフトウェア販売、画像・映像やソフトウェアのダウンロードサービスでは、必要となるパソコンの性能ないし条件
⑦ 販売数量の制限その他、特別の販売条件
⑧ 特定商取引法第11条第1項ただし書の書面を請求した者に当該書面に係る金銭を負担させるときは、その金額
⑨ 販売業者の電子メールアドレス
⑩ 相手方の同意なく広告するときは、その旨

Q52
ウェブページに表示しなければならない事項を表示しないと、どのような不利益がありますか？

A 販売業者が特定商取引法第11条（および同法施行規則第8条第1項）で指定された事項をウェブページに表示しない場合は、主務大臣による行政処分を受けることがあります。

1●報告と立入検査

主務大臣は、特定商取引法を適切に施行するため、販売業者に対し報告を求めたり、事業所に職員を立ち入らせ、帳簿、書類その他の物件を検査させることができます（同法第66条）。

これにより、ウェブページに表示すべき事項（→ **Q51**）が適切に表示されているかが判断されます。

2●指示と業務停止

上記検査により、販売業者が指定された事項をウェブページに表示していないことが明らかになった場合は、主務大臣による行政処分を受けることがあります。

たとえば、特定商取引法第11条および同法施行規則第8条違反によって取引の公正および消費者の利益が害されるおそれがあるときは、主務大臣により、必要な措置をとるよう指示されることになります（同法第14条）。この指示に従わないと、1年以内の業務停止を命じられることになります（同法第15条）。

このとき主務大臣は、業務停止を命じた旨を公表しなければならないことになっています。

3 ● 罰　則

　販売業者が業務停止命令に従わないときは、2年以下の懲役または300万円以下の罰金に処せられます（同法第70条第2号）。また、主務大臣の指示に従わないときは、100万円以下の罰金に処せられます（同法第72条第2号）。

　行為者だけでなく法人にも罰則があり、業務停止命令違反は3億円以下の罰金です（同法第74条第1号）。

Q53
ウェブページで広告を出す場合に注意すべきことはありますか？

A ネットショップは、特定商取引法における「その他の経済産業省令で定める方法」（同法第2条第2項）によることは、Q51で述べたとおりです。ネットショップのウェブページでの広告については、同法第12条に従って広告表示をする必要があるとされています。

1●誇大広告の禁止
販売業者は、①その内容、②返品特約、③経済産業省令で定める事項※の3つについて、「著しく事実に相違する表示」をしたり、または「実際のものよりも著しく優良」または「有利」だと誤認させるような表示、つまり誇大広告が禁止されています。

※ 経済産業省令で定める事項：特定商取引法施行規則第11条
①商品などの種類、性能品質、効果効能、②国、地方公共団体、著名な団体または個人の関与、③原産地、製造地、商標、製造者、④特定商取引法第11条第1項各号の事項（→ **Q51**）

2●誇大の程度
どの程度の誇大広告が「著しく」事実に相違するかは、広告ごとに判断されます。「特定商取引に関する法律等の施行について」（通達）によれば、たとえば「一般消費者が広告に書いてあることと事実との相違を知っていれば、当該契約に誘い込まれることはない」という場合がこれにあたるとされます。

Q54
電子メールで広告する場合に注意すべきことはありますか？

A ネットショップには特定商取引法が適用されるので、商品・サービスを電子メールで広告する場合には、同法第11条、第12条等に従う必要があります。また、特定電子メール法にも注意が必要です。

・・・

1●特定商取引法の規制
特定商取引法施行規則にいう「電子情報処理組織」とは、インターネットのことです。そのため、電子メールでネットショップの広告をする際には、
① 代表者または責任者の氏名
② 事業者の電子メールアドレス
③ 相手方の請求も承諾もなくメールを送るときは、その旨（同規則第8条第1項第10号に例外あり）
④ メールのタイトルの前に「未承諾広告※」という文字
⑤ 広告メールを今後拒絶するための方法（同規則第10条の3に例外あり、第10条の4に方法の指定あり）

を表示しなければなりません。

2●特定電子メール法の規制
特定電子メール法の目的は、「一時に多数の者に対して」送信されるメールがインターネットの障害となり得ることから、「送信の適正化」を図ることにより、良好なメール環境を整備することにあります。

規制対象となる「特定電子メール」は、①営利目的の団体（営業する

個人）が、②自己または他人の営業につき、③広告・宣伝の手段として送信する電子メールです。

　特定電子メールを送信する際には、ア．タイトルの前に「未承諾広告※」という文字を表示し（同法施行規則第2条第2項）、イ．送信者の氏名、住所、ウ．メールの拒絶を受けるためのメールアドレス、エ．メールを今後拒絶するための方法、を表示しなければなりません。拒否者に対するメールの送信は禁止され（同法第4条）、送信者情報を偽って送信することも禁止されます（同法第5条）。

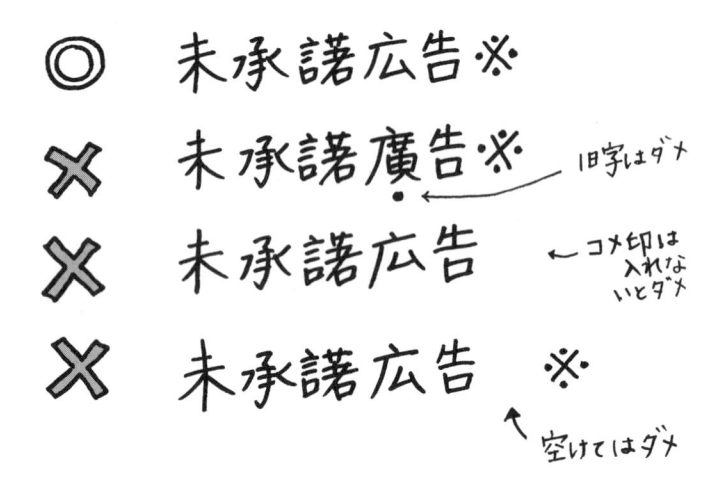

◎　未承諾広告※

✕　未承諾廣告※　←旧字はダメ

✕　未承諾広告　←コメ印は入れないとダメ

✕　未承諾広告　※　←空けてはダメ

Q55
契約の申込み画面は、どの程度わかりやすくすべきですか？

A まず、顧客が容易に認識・訂正できるように設定することが必要です。誤解を招くような画面で誤って注文が発生した場合は、特定商取引法第14条違反になる場合があります。

・・・

1●わかりやすい申込み画面の設定義務

特定商取引法第14条は、通信販売について、「顧客の意に反して売買契約若しくは役務提供契約の申込みをさせようとする行為」を行政処分の対象としています。

そして、ネットショップで禁止される行為は、特定商取引法施行規則第16条第1項が規定しています。また、経済産業省の「インターネット通販における『意に反して契約の申込みをさせようとする行為』に係るガイドライン」には、画面の具体例が記載されています。

2●申込みとなることの確認

まず、「このボタンをクリックすると契約の申込みとなる」ことを、クリックする際、顧客が容易に認識できるように設定していなければなりません。

これについて「電子商取引に関する準則」（以下「準則」という）では、最終的な申込みをするボタンに申込み、購入、注文といった文字がなく、代わりに「送信」「プレゼント」といった文字が表示されている場合、という容易に認識できない場合の例があげられています。

つまり、このボタンをクリックしても契約の申込みとならないとの誤解を招く場合は、特定商取引法第14条違反となります。具体的には、

以下の場合などです。

① 申込み内容が表示されておらず、確認手段がなく、確認方法の説明もない場合
② 訂正手段がなく、訂正方法の説明もない場合
③ 一般的には想定されない設定がされていて、よほど注意しないと申込み内容を認識できない場合

3 ● 確認・訂正の機会

次に、「申込内容を容易に確認または訂正できる」画面でなければなりません。これについて準則では、以下の申込みの最終画面を例としてあげています。

【最終確認画面の表示例】

注文内容確認

注文内容を確認し、注文を確定して下さい（これが最後の手続きです。）
下記の注文内容が正しいことを確認してください。
〔注文を確定する〕ボタンをクリックするまで、実際の注文は行われません。

○ご届け先
　経済　太郎
　〒100-8901
　東京都千代田区霞が関1-3-1　　　　　　　　　　　［変更］

○支払方法
　△△カード　××××－××××　　　　　　　　　　［変更］
　有効期限：07/2008

○注文明細

商　品	単　価	数　量	小　計
商品1	1,000円	1個	1,000円
		送　料	200円
		消費税	60円
		合　計	1,260円

　　　　　　　　　　　　　　　　　　　　　　　　　［変更］

○発送方法：宅配便　　　　　　　　　　　　　　　　　［変更］

　　　　　　　　　　[注文確認する]

TOPに戻る（注文は確定されません）

※経済産業省ホームページ（http://www.meti.go.jp）より作成

Q56
ウェブページの表示について、特定商取引法以外に注意すべき法律はありますか？

A ネットショップにおける商品やサービスの表示は、景表法の「広告その他の表示」にあたり、同法第4条で不当表示が禁止されます。不当表示に対しては、公正取引委員会の排除命令（同法第6条）などの処分があります。

・・・

1●商品・サービスの内容、取引条件の表示
　一般消費者に対して、実際の、または他社の商品・サービスよりも著しく優良だと表示すると、景表法における不当表示になります。また、他社よりも価格や取引条件が著しく有利だと誤認されるような表示も同様です。

　不当表示と判断されないようにするには、①商品・サービス内容は客観的事実に基づき正確に、②効果・効能は十分な根拠に基づいて、③体験談などは使用条件とともに、④取引条件は正確かつ明瞭に表示しましょう。

2●ウェブページでの表示方法
　すべてを事実に基づいて正確に表示していたとしても、ウェブページの構成や内容次第では、不当表示と判断されるケースがあります。公正取引委員会では、その例としてハイパーリンクの文字を明瞭に表示しなかったり、更新日を表示しないなどの方法により、不当表示だと判断されないようにするには、①ハイパーリンクの文字は、消費者がクリックする必要性を認識できるようにし、②重要な情報へのリンクは、見落とさないようなサイズ・色・配置にし、さらに③情報の更新日を表示する必要があります。商品・サービス内容や取引条件、いつの情報なのかわかりにくくする、という事例を示しています。

Q57
個人情報保護法とは何ですか？　また、これに違反しないための注意点について教えてください。

A 過去6か月以内において5,000人を超える個人情報を有する企業は、個人情報取扱事業者とされ、ネットショップで消費者により入力された氏名、住所などの情報を保護しなければなりません。こういった定めのある法律が個人情報保護法です。
個人情報の範囲と、その取扱いには十分注意する必要があり、これを怠った場合は、6か月以下の懲役または30万円以下の罰金等の罰則があります。

1●個人情報とは
同法第2条によれば「個人情報」とは、「生存する個人」に関する情報で、「特定の個人」を識別できるものとされています。その情報だけで個人を特定できなくても、①他の情報と容易に照合でき、②それにより個人を特定できる場合も個人情報にあたります。

2●個人情報取扱事業者
ネットショップで個人情報を取得しても、同法の「個人情報取扱事業者」でなければ、同法第4章の規制対象になりません。そして個人情報保護法施行令によれば、その有するデータベース内で識別される個人の数が、過去6か月以内において5,000人を超える事業者とされており、これに満たない業者は個人情報取扱事業者ではないとされています。

3●規制の内容

　個人情報取扱事業者にあたるネットショップは、原則として、住所氏名等の個人情報を取得するにあたり、あらかじめ本人に対し、その利用目的（グループ企業での利用、ダイレクトメール発送など）を明示しなければなりません（同法第18条第2項）。取得の状況から明らかにわかる利用目的（契約した商品の発送）なら、明示の必要はありません（同条第4項第4号）。

　経済産業省の「個人情報の保護に関する法律についての経済産業分野を対象とするガイドライン」によれば、本人が個人情報についての送信ボタンをクリックする前に、利用目的が確実に確認できるようにしなければならないとされています。たとえば、画面上に利用目的を表示するか、利用目的が書かれたページへのリンクが本人の目にとまるようにしなければならないとあります。

　取得した個人情報は、原則として、明示した利用目的の達成に必要な範囲を超えて利用してはなりません（同法第16条第1項）。

Q58
電子商取引では、契約はいつ成立するのですか？

A 一般原則（民法第97条第1項）どおり、意思表示が相手方に到達した時とされています。

1●契約の成立時期

一般的に契約は、一方当事者の「申込み」に対し、相手方が「承諾」をしたとき成立します。売買契約では「売ります」に対して「買います」との意思表示があったとき、または「売ってください」に対して「いいですよ」の意思表示があったとき、契約が成立します。

ネットショップなどでは、商品の表示は「申込みの誘引」であって、申込みそのものではありません。商品を見た人が注文する動作が申込みにあたります。

2●隔地者間における契約の成立時期

双方当事者が実際に会って、「売ります」「買います」といった意思表示をするのではなく、離れた場所にいるときは少しルールが異なります。民法は郵便を想定しているようなのでこれを前提にすると、まずＡさんが郵便で「売ります」との意思表示をして、これがＢさんに届き（民法第97条第1項・到達主義）、Ｂさんが「買います」との返事を郵便で発送した時、契約が成立します。返事がＡさんに届いていない段階でも、契約は成立するのです（民法第526条第1項・発信主義）。

3●電子的方法による場合の特則

承諾が郵便ではなく電子メールで送信されたり、ホームページ上に表

示される場合は、さらに特則があります。電子的な方法による場合、承諾は、瞬時に申込みをした人に到達してしまうため、一般原則（民法第97条第1項）に戻り、意思表示が相手方に到達したとき、つまり返事が相手に届いたとき（メールがサーバーに入ったとき）、契約が成立します（電子消費者契約及び電子承諾通知に関する民法の特例に関する法律第4条）。

　もっとも、メールがいつ相手（顧客）に届いたかは証明が困難です。そこで実際には、相手方のメール開封を確認するため、再度の返事を要求するなどの方策が採られているようです。

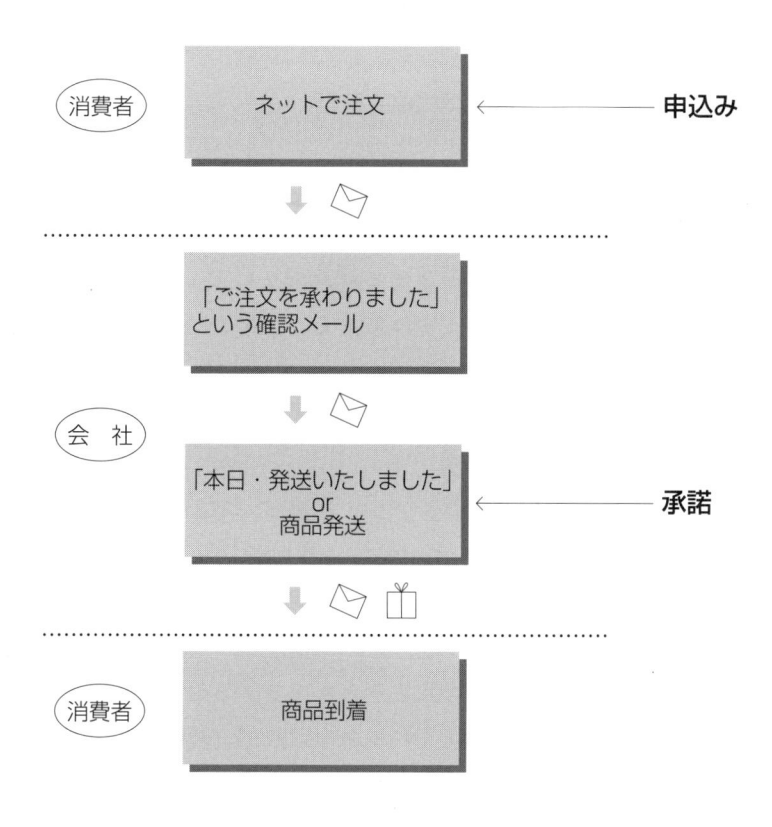

```
(消費者) ─ ネットで注文 ←──── 申込み
              ↓ ✉
・・・・・・・・・・・・・・・・・・・・・・・・・・・・・・・・・・
         「ご注文を承りました」
          という確認メール
              ↓ ✉
(会 社)
         「本日・発送いたしました」
              or           ←──── 承諾
           商品発送
              ↓ ✉ 🎁
・・・・・・・・・・・・・・・・・・・・・・・・・・・・・・・・・・
(消費者) ─ 商品到着
```

Q59

当社は注文があった際、その相手に対する申込みの承諾をもって契約が成立することとしています。自動返信メールの返信でも、契約の成立とみなされますか？

A 自動返信メールの文面によります。「承知しました」という旨の文面があれば契約は成立したとみなされます。

1●メールで承諾する場合の契約成立時期

電子メールで契約の承諾をする場合は、メールが相手に「到達」したときに契約が成立します（→Q58）。そして、「電子商取引等に関する準則」（経済産業省）によれば、それは申込者指定のメールサーバーに、メールが読み取り可能な状態で記録された時点とされています。実際に申込者が受信していなくても、メールがメールサーバーに保存された時点をもって、契約が成立します。

2●自動返信の内容による区別

ネットショップでは、顧客がウェブの画面で契約を申し込んだ後、「確認しました」といった内容のメールを自動返信するケースが散見されます。では、このような自動返信でも、同じように考えてよいでしょうか。

契約は双方向の意思表示が合致したとき成立するので、そもそも「承諾します」という意思表示が含まれていなければ、契約は成立していません。そのため、自動返信の文面が「申込みを受信しました。後日、内容を検討の上、承諾を送付します」などとなっていれば、契約は成立していません。他方、同じく「申込みを受信しました」でも、「本日中に

発送します。ありがとうございました」といった文面が続けば、これは承諾といえるので、契約成立です。

3●自動返信はそもそも意思表示か

若干問題となるのは、自動返信はプログラムが自動的に送っているもので、人（法人も含む）の意思表示といえないのではないか、という点です。これについては、返信する内容は人が事前につくっておいたものだし、返信条件（年齢条件やクレジットカードの信用性など）も人が設定しているので、人の意思表示と考えるのが妥当です。

Q60

顧客から、注文ミスのためキャンセルしたいといわれました。応じなければならないのでしょうか？

A 原則、応じる必要があります。
しかし例外要件として、確認措置を講じてあれば、契約のキャンセルには応じなくてよい場合があります。

1 ●注文ミスの法律効果（原則）

注文するつもりがなかったのにうっかり「注文」ボタンをクリックしてしまったとか、1つだけ注文したかったのに数量欄に違う数値を入力してしまったなど、ネットショッピングには注文ミスがつきものです。そのような注文ミスによる契約は原則として無効です（電子契約法第3条）。つまり、顧客から「注文ミスだったので返品する」といわれたら、これに応じる必要があります。

2 ●注文ミスの法律効果（例外）

しかし、そのようなルールではショップ側のリスクが大きいため、電子契約法は、①申込みの意思について確認措置を講じた場合、②あらかじめ消費者が「確認措置は不要」との意思を表示した場合、の2つを例外としています。これらのケースでは民法第95条ただし書きが適用され、消費者に重大な過失（重過失）があれば、消費者は契約の無効を主張できません。重大な過失というのは、普通人に期待される注意を著しく欠いていることをいいます。

3●確認措置の具体例

　確認措置が講じられているといえるためには、①「申込みの意思」および②「入力内容をもって申し込む意思」の有無について、消費者に確認を求める画面構成でなければなりません。具体的には、あるボタンをクリックすることで申込みの意思表示となることを消費者が明らかに確認できるようにしたり、最終的な送信ボタンをクリックする前に、申込みの内容を表示し、そこで訂正の機会を与える画面にする必要があります（特定商取引法施行規則第16条）。

　もっとも、そのような確認措置を形式的に講じていていても、容易に注文ミスを誘うようなわかりにくい画面では、消費者の重過失を主張することができず、結局、契約の無効を主張されてしまうので注意が必要です。

Q61
顧客から、未成年者なのでキャンセルしたいといわれましたが、応じなければなりませんか？

A 原則、両親など、法定代理人の同意がなければ、契約の取消しに応じる必要があります。ただし例外もあり、小遣いのような法定代理人により目的をもって許された財産の範囲内の契約では、その取消しが認められません。また、契約者が成年者であると詐称した場合にも取消しが認められない場合があります。

・・

1 ● 未成年者との契約について

　未成年者といっても権利義務の主体なので、大人と同じく、契約の当事者となり得ます。ただし、判断能力が未熟なので、民法は原則として、「法定代理人」の事前の「同意」がなければ、未成年者は契約を取り消すことができるとしています（民法5条第2項）。取消しの理由は「法定代理人の同意がなかった」というだけで足ります。法定代理人というのは、通常は親権者たる父親や母親です。

　ただ、この規定には例外がいくつかあります。まず、小遣いのような「法定代理人が目的を定めて処分を許した財産」は、決められた使途どおりならば契約を取り消すことができません（同条第3項）。また、他の言動と相まって成年者だと詐称すると、契約を取り消せなくなる場合があります（同法第21条）。

2 ● 年齢確認の方法

　未成年者が契約を取り消せない例として、経済産業省の「電子商取引等に関する準則」（経済産業省）では、「『未成年者の場合は親権者の同

意が必要である』旨警告した上で、年齢確認措置をとっている場合」があげられています。一方、「単に『成年ですか』との問いに『はい』のボタンをクリックさせる場合」は、未成年者が年齢を詐称しても、詐述（民法第 21 号）とまでは認定されず、契約を取り消すことができるだろうとされています。

　未成年者からの契約取消を拒むには、たとえば、入力された年齢から未成年者と自動判別できる場合に、未成年者の契約条件（法定代理人の同意）を表示し、確認させ（確認ボタンをクリックさせ）てからでなければ契約画面へ進めない、くらいの仕組みを少なくとも検討すべきでしょう。

3●取引目的物についての注意

　未成年者を契約相手とする場合には、販売物品（たとえば、酒類、たばこ）にも注意が必要です。

Q62

顧客から、8日以内なのでクーリングオフしたいといわれましたが、すべてに応じなければならないでしょうか？

A 現時点では、すべてのケースでクーリングオフに応じる必要はありません。主に業者から一方的に販売する訪問販売などの場合には解約が必要となりますが、消費者が自ら意思を持って契約をするような通信販売や店舗での販売にはクーリングオフの適用はなく、解約を拒否することができます。ただし、特定商取引法等の抜本的改正が来年以降に行われることになったため、クーリングオフのできる余地が広がる可能性が出てきており、注意が必要です（→ Q75）。

1 ●クーリングオフ

クーリングオフというのは、契約を無条件に解約できる制度です。一般に契約は、相手方の約束違反といった理由がない限り、自由には解約できません。しかし、特定商取引法や割賦販売法などは、無理由の解約を認めています。それは、消費者保護という目的があるからです。つまり、弱い立場にある消費者が、買いたくないものを買わされてしまったというケースで、契約の申込みの撤回（契約の解除）が認められているのです。

2 ●クーリングオフできるケース

消費者保護が主な目的の制度なので、解約できる場合は限られています。まず取引の目的ですが、特定商取引法では「指定商品」「指定権利」「指定役務」だけが対象となり、特定商取引法施行令の別表1〜3に記

載されています。

　次に、取引形態ですが、訪問販売や電話勧誘販売など、いわば業者から出向いてきた形態に限られます。消費者が店舗に足を運んだのであれば、それは消費者の自由意思に基づくものですから、保護の必要は弱いのです。

　ただし、来年以降に特定商取引法等が改正となり、クーリングオフできる商品や取引形態が拡大される予定であるため、今後の法改正の動きに注目してください（→ **Q75**）。

3● ECで受注した商品

　消費者を対象とする電子商取引は、特定商取引法における「通信販売」です。そして、現時点では通信販売にはクーリングオフの規定がありません。なぜなら、通信販売は業者から消費者へ出向くのではなく、消費者が自らの意思でやってくる形態だからです。この趣旨から、電子商取引にもクーリングオフは認められません。もし、購入者がクーリングオフを主張してきても、断ることができます。

　もっとも、購入者に対し、クーリングオフに類似の権利を認めることは自由です。クーリングオフを認めるにしろ、認めないにしろ、あらかじめ規約に明記しておけば、無用のトラブルを避けることができます。

　なお、前述のとおり、法改正でクーリングオフの対象が広がり、取引形態が通信販売であってもクーリングオフできる余地がでてきているため、注意してください。

Q63

顧客から「商品がウェブページの記載と異なる」として、不実告知を理由にキャンセルしたいといわれましたが、応じなければなりませんか？

A 不実告知とは、重要事項につき事実と異なる内容を告げることをいいます。特定の者に対し、不実告知があった場合は、キャンセルに応じる必要はあり得ます。

---

1 ●消費者取消権

現時点においては、ネットショップでの取引にクーリングオフ規定の適用はないものの（→ **Q62**）、消費者契約法上の取消権には注意が必要です。消費者契約法第4条は、事業者が消費者を勧誘する際に、ある一定の行為をすると（しないと）、それによって申込みの意思表示をした消費者は、契約を取り消すことができると規定しています。契約が取り消されると、事業者は消費者から受け取った代金等を返還しなければなりません。ただし、消費者は、この取消権を6か月の間に行使する必要があります（同法第7条第1項）。

2 ●事業者と消費者

消費者契約法は、事業者（法人、その他の団体、事業として契約当事者となる個人）と消費者（事業者を除く個人）との間の契約を規制しています（同法第2条）。

ただし、顧客が法人だと、この法律による取消しはできません。

3 ●取消しができる場合

消費者が契約の申込みを取り消せるのは、事業者が消費者の勧誘に際し、①重要事項につき事実と異なる内容を告げ（不実告知）、消費者が事実を誤認した場合と、②変動が不確実な事項につき断定的な判断をして（断定的判断の提供）、消費者が確実だと誤認した場合と、契約締結に際し、③消費者に有利な事実だけ伝えて不利益な事実を伝えなかったこと（不利益事実の不告知）により、消費者が不利益な事実はないと誤認した場合です。

内閣府の逐条解説によれば、ここでいう「勧誘」とは「特定の者」に向けられたもの、とされています。ネットショップでの勧誘は、基本的に不特定の者を対象としていますが、過去の注文履歴から「お勧め商品」を絞り込んで表示するような場合は、そこですでにほかの顧客との差別化があるという考え方から、「特定の者」とみなされてしまうこともあるので、適用が一切ないとはいえないでしょう。

4 ●消費者団体訴訟制度

なお、来年以降に予定されている特定商取引法の改正に伴い、新たに「消費者団体訴訟制度」が設けられる方向になりました。最近では英会話スクールの虚偽説明等が問題になりましたが、このような不実告知等の問題行為につき、消費者団体が差し止めの訴訟を起こすことができるという内容です。当該制度は、消費者契約法にも新設されていますが、特定商取引法では「物」のみでなく「サービス」をも対象にできるという点が大きく、制度の活用がさらに期待されるでしょう。

Q64
誰かが自分になりすまして契約したので支払わないといわれましたが、どうすべきでしょうか？

A 原則、本人に請求することはできません。
このケースはいわゆる「なりすまし」にあたりますが、例外として表見代理の考え方が適用できるときは請求できる場合があります。

1● 「なりすまし」とは

いわゆる「なりすまし」というのは、他人が本人の氏名、ID やパスワードを不正に使い、本人のふりをしてネット取引などをする行為です。他人が取引をしているのですから、たとえば商品を販売しても、原則として本人には代金を請求できません。

本人が契約責任を負うのは、なりすました他人に代理権を与えていた場合です。そのものズバリの代理権を与えていなくても、別の代理権を与えていた場合や、以前に与えていたことがある場合、またはこれに類似する場合には、表見代理といって、本人が契約責任を負うこともあります（民法第109条、第110条、第112条）。

2● 電子商取引

電子商取引でも表見代理の考え方があてはまります。たとえば、ネットのショッピングモールにログインする際、一般にはIDとパスワードが必要になりますが、本人がIDやパスワードを他人に教えていたり、教えていなくてもふせんにパスワードを書いてパソコンの画面に貼っておくなど、管理に注意を尽くしていなかった場合には、店側は本人の契

約責任を主張できるでしょう。

　では、本人がIDやパスワードを厳重に管理していたときはどうでしょう。本人に帰責性のないケースにまで契約責任を負わせるのは酷なので、本人には代金を請求できません。この場合は、なりすました他人に対し、不法行為、不当利得、無権代理人の責任などとして、代金相当額の支払いを求めることになります。

3●クレジットカード

　なりすましは契約名義だけでなく、クレジットカードの使用についても生じ得ます。電子商取引では、カード番号や有効期限等の入力を要求しますが、これらを他人が勝手に入力した場合、本人は原則として支払義務を負いません。すなわち、本人が「私の契約ではありません」とカード会社に連絡すれば、本人の口座から引き落とされないことになります。加盟店がカード会社から立替払いを受けられるかどうかは、加盟店契約の内容によります。

> **Q65**
> どんなときに、ネットショップは顧客に対して損害賠償責任を負うのでしょうか?

> **A** 注文された商品を送付しなかった場合、送った商品が本来の性質・機能を備えていなかった場合、詐欺的な販売を行った場合などに損害賠償を負うことになります。

1 ●契約上の責任

ネットショップといっても、契約の履行義務についてはリアル店舗と同じです。注文された商品を送らなければ、契約責任として債務不履行責任を負います(民法第415条)。また、送った商品(代わりの物を送付し直すことができる。たとえば新品などを除く)が本来の性質・機能を備えていなければ、瑕疵担保責任(同法第570条)を負います。どちらも店側は顧客に対し、損害賠償の必要があります。

2 ●不法行為責任

契約上の責任とは別に、または選択的に、ネットショップが不法行為責任を負う場合もあります(民法第709条)。たとえば、商品が生産中止であることを知りながら、これを隠して注文を受けたのなら、詐欺的行為として、不法行為に基づく損害賠償責任を負わなければならないでしょう。

3 ●責任免除特約の効力

上記のような損害賠償責任は、あらかじめ契約書や利用規約に特約を設け、金額を制限しておくことも可能です。ただし、特約さえつくれば

どんな制限もできる、というわけではありません。消費者契約法第8条第1項は、事業者と消費者との一定の特約を無効としています。すなわち、同条項は消費者保護を目的とした規定であり、この規定自体を特約で廃除することはできません。

無効となるのは、以下の5つです。

① 事業者の債務不履行責任を全部免除する特約
② 事業者の故意・重大な過失による債務不履行責任を一部免除する特約
③ 事業者の不法行為責任を全部免除する特約
④ 事業者の故意・重大な過失による不法行為責任を一部免除する特約
⑤ 瑕疵担保責任を全部免除する特約（第2項に例外あり）

瑕疵担保責任を一部免除する特約については、規定はありません。ただし、消費者の利益を一方的に害する特約は無効です（同法第10条）。

Q66
ネットショップの利用規約には、どんな事項を盛り込めばよいでしょうか？

A 利用規約には、①特定商取引法、消費者契約法関連、②個人情報保護法関連、③電子契約法関連その他について盛り込むとよいでしょう。

1●総　論

電子商取引での顧客とのトラブルを防ぐため、利用規約を作成し、契約の特約とするのがよいでしょう。

特約条項とするのですから、顧客も同意の上で契約した、という形式を整える必要があります。そこで一般的には、申込画面に利用規約を表示したり、別のページに用意した利用規約へのリンクを設定したりして、「同意」ボタンをクリックしないと申込みができない、という仕組みが採用されているようです。

どんな内容を利用規約に入れればよいかは、事業によって区々ですが、法律で指示されている事項や法律から判断を委ねられている事項、不利益な任意規定などが候補となるでしょう。ただし、**Q65**で述べたように、瑕疵担保責任を一部免除する特約が消費者の利益を一方的に害する場合は無効です（消費者契約法第10条）。

2●各　論

最後に、本章での検討をふまえ、利用規約に記載する内容を考えてみましょう。

(1) 特定商取引法、消費者契約法関連

- 返品特約の有無
- 販売価格以外に顧客の負担すべき金銭
- クーリングオフの可否
- 軽過失の場合に債務不履行または不法行為に基づく損害賠償額を一部免除することの可否
- 瑕疵担保責任の一部免除の可否
- 損害賠償額の予定

(2) 個人情報保護法関連
- 個人情報の利用目的
- 訂正方法

(3) 電子契約法関連その他
- 契約の成立時期
- なりすましへの対応
- 未成年者への対応
- 管轄裁判所
- 海外との取引の許否

第6章

販売トラブルをめぐる法律実務

Q67
通信販売で商品を販売するときに注意すべき点を教えてください。

A 通信販売については、訪問販売や電話勧誘販売と同様に特定商取引に関する法律（特定商取引法）による規制があり、これらに反した場合、行政処分や罰則があります。

1 ●特定商取引法の規制を受ける「通信販売」とは

特定商取引法の規制を受ける「通信販売」とは、新聞、雑誌、テレビ、インターネット上のホームページなどによる広告や、ダイレクトメール、チラシなどを見た消費者が、郵便、電話、ファクシミリ、インターネットなどで購入の申込みを行う形の取引方法をいいます。

ただし、「通信販売」にあたるものでも同時に「電話勧誘販売」（→Q76）にあたる場合は、特定商取引法上「電話勧誘販売」としての規制に服することとされ、「通信販売」には含まれません。

特定商取引法上「通信販売」の主体は特に制限されず、「通信販売」を行う限り会社でも個人でも特定商取引法上の規制を受けること、特定商取引法施行令で定められた指定商品等に該当しない場合や事業者間取引や海外にいる人に対する契約の場合は特定商取引法上の規制を受けないことなどは「訪問販売」や「電話勧誘販売」（→Q75、Q76）の場合と同様です。

2 ●「通信販売」に対する規制の概要

「通信販売」に対する規制としては、①広告規制、②電子メール広告の提供を受けることを希望しない旨の意思表示をした者への再送信の禁止、③前払式通信販売における契約成立の明確化等の通知義務、および

④顧客の意に反して契約の申込みをさせる行為の規制の4つがあり、これらに違反した場合、行政処分や罰則の対象となります。

内容としては②は文字通りであり、④はたとえばインターネット通販において、あるボタンをクリックすれば、それが有料の申込みとなることを消費者が容易に認識できるように表示していなかったり、申込みをする際に、消費者が申込み内容を容易に確認し、かつ訂正できるような措置をとらないといったことを禁止するものです。

以下、①の広告規制および③の通知義務について説明します。

3●広告規制

通信販売においては、消費者は広告に基づき購入の判断を行うのであり、消費者にとって広告は唯一の情報といえます。そのため後日トラブルが発生し消費者に損害が生じるのを避けるためには、広告内容が十分かつ明確である必要があります。そこで、特定商取引法は通信販売業者が広告をするにあたり以下の事項を表示すべきことを定めています。

① 販売価格（役務の対価。なお、送料についても表示が必要）
② 代金（対価）の支払時期、方法
③ 商品の引渡時期（権利の移転時期、役務の提供時期）
④ 商品の引渡し（権利の移転）後におけるその引取り（返還）についての特約に関する事項（その特約がない場合にはその旨）
⑤ 事業者の氏名（名称）、住所、電話番号
⑥ 事業者が法人であって、電子情報処理組織を利用する方法により広告をする場合には、その販売業者等の代表者または通信販売に関する業務の責任者の氏名
⑦ 申込みの有効期限があるときは、その期限
⑧ 販売価格、送料等以外に購入者等が負担すべき金銭があるときは、その内容およびその額
⑨ 商品に隠れた瑕疵がある場合に、販売業者の責任についての定め

があるときは、その内容
⑩ いわゆるソフトウェアに係る取引である場合には、そのソフトウェアの動作環境
⑪ 商品の販売数量の制限など、特別な販売条件（役務提供条件）があるときは、その内容
⑫ 請求によりカタログなどを別途送付する場合、それが有料であるときは、その金額
⑬ 電子メールで商業広告を送る場合は、事業者の電子メールアドレス
⑭ 相手方の承諾等なく電子メールによる商業広告を送る場合には、そのメールの件名欄の冒頭に「未承諾広告※」

また、消費者トラブルを防ぐ観点から、「著しく事実に相違する表示」や「実際のものより著しく優良であり、もしくは有利であると人を誤認させるような表示」は「誇大広告」として禁止されます。

4 ●前払式通信販売の承諾等の通知

消費者が商品の引渡し（権利の移転、役務の提供）を受ける前に、代金（対価）の全部あるいは一部を支払う前払式通信販売の場合、事業者は、代金を受け取り、その後商品の引渡しに時間がかかるときは、次の事項を記載した書面を渡さなければなりません。

① 申込みの承諾の有無（承諾しないときは、受け取ったお金を直ぐに返す旨と、その方法を明らかにしなければならない）
② 代金（対価）を受け取る前に申込みの承諾の有無を通知しているときは、その旨
③ 事業者の氏名（名称）、住所、電話番号
④ 受領済の額（それ以前にも金銭を受け取っているときはその合計額）
⑤ 当該金銭を受け取った年月日
⑥ 申込みを受けた商品とその数量（権利、役務の種類）
⑦ 承諾するときは、商品の引渡時期（権利の移転時期、役務の提供時期。期間または期限を明らかにすることにより行わなければならない）

Q68

商品を買主に納品する途中で、運送会社のトラックが玉突き事故に巻き込まれて、商品が破損してしまいました。代金を請求できるのでしょうか？

A 破損してしまった商品については請求できません。売主は、破損した目的物が不特定物の場合、再度購入・納品する必要がありますが、これ自体の代金は請求できても、損害については売主が負うことになります。ただし、納期に間に合わなかった損害を負う必要はないでしょう。

・・・・・・・・・・・・・・・・・・・・・・・・・・・・・・・・・・・・・

1●持参債務の原則

売買契約で特別な規定を設けていれば別ですが、法律上売買契約の目的物の納品について、民法第484条後段が「持参債務の原則」を定めており、売主は目的物を買主の現在の住所地に持参して行わなければならないとされています。

納品する商品が絵画や骨董品のように1つひとつに個性があるもので、売買契約がその個性に着目して行われた場合（法律上「特定物売買」という）は、民法第484条前段において、売買契約の時点でその絵画や骨董品（以下「特定物」という）があった場所に買主が取りに来ることと一応は規定されていますが、売買契約上の定めや商慣習などによって買主の住所地に売主が目的物を届けるべきと定められていることの方がむしろ一般といえます。

2●事故に遭ってしまったら

結局、直接法律の根拠に基づくか、売買契約や商慣習に基づくかの違

いはあるにせよ、店頭売買で買主が目的物をそのまま持って帰るような場合を除くと、売主が買主の住所地に目的物を持っていくことが法的な義務となっていることが多いといえます。このような場合、売主は買主の住所地に目的物を持っていって初めて売主としてなすべきことをなしたといえ代金を請求できることになります。言葉を換えれば、設問の場合のようにトラックで搬送中に事故に巻き込まれるなどして商品が破損してしまったとしても、当然売主は買主にその破損した商品の代金を請求できず、目的物が絵画や骨董品等の壊れてしまえば代替する物がないような場合を除いて、あらためて目的物を調達して買主に持っていかなければならない義務を負うのです。

　もっとも、設問のような場合であれば、目的物が破損してしまったことについて売主には何の落ち度もないといえるので、納期に間に合わなかったことの責任については負う必要はありません。

　このように、一般的にいえば、上記質問のように納品中のトラックが事故にあってしまった場合、その目的物の性質が特定物であれば代金の請求はできないということになりますし、不特定物の場合はあらためて契約の目的物を納入しなければなりません。なお、目的物が不特定物の場合、あらためて納品すれば買主に対して代金の請求ができるのですが、その代金額は当初の代金額にすぎないので、結局事故によって生じた損害は売主が負うということになります。

3●損害賠償請求先

　買主から代金を回収できない、または、滅失した目的物の損害を買主に負ってもらうことができないとすると、売主としては運送業者に対してその損害を負ってもらいたいという気持ちになるのは当然といえます。

　しかし、上記の質問のように玉突き事故に巻き込まれる場合のように、運転手が避けようのない事故であった場合は、運送業者に過失が認めら

れない可能性が少なからずあるといえるのですが、運送業者に過失が認められないとすると運送業者は債務不履行責任も不法行為責任も負わないということになります。玉突き事故を引き起こした人を特定できれば、理論上その人に対して損害賠償請求をすることは可能ですが、実際上は多くの場合かなり困難を伴うことが多いといえるでしょう。売主としては自ら保険に加入するなり、運送業者に保険に加入させることがもっとも確実なリスクヘッジの方法といえます。

なお、設問と異なり、運送業者に故意・過失があった場合には、運送業者に対し損害賠償請求をすることができます。

もっとも、たとえば郵政公社を利用して小包として商品を送った場合、「内国郵便約款」により郵政公社側に故意または重大な過失がない限り、30万円が損害賠償の限度となるなど運送業者との契約によって、損害賠償請求ができる場合や金額が相当程度限定されている場合が多いので注意が必要です。

Q69

顧客に商品を分割払いで売る場合に、所有権留保付売買にするとよいと聞いたのですが、どのような方法ですか？ また、所有権留保付売買をする場合の注意点は何ですか？

A 所有権留保付売買とは、一般に目的物を買主に引き渡した後も代金の全額が支払われるまで売主が目的物の所有権を保持する特約（所有権留保）のある売買契約をいいます。注意点は、まず商品を第三者に即時取得されてしまうことへの対応です。

・・・

1●所有権留保付売買

　民法の原則では、売買契約においては契約、すなわち売主と買主が特定の目的物についていくらで売買をするかを合意した時に所有権が移転するということになっています（民法第176条）。しかし、代金が分割で支払われる場合や代金の支払期限が目的物の引渡し後になっているような場合、売主としては代金が完全に回収できるか不安が残ります。そこで、売買契約の付随的な内容として、上記のように買主が代金を完済するまで目的物の所有権を売主が保持し続けることに合意させることで、そのような不安をできるだけ除去しようというのが所有権留保付売買です。

　すなわち所有権留保付売買では、目的物の所有権は代金が完済されるまで売主に残るので、代金が支払われなくなった場合には、売主は買主に対して所有権に基づき目的物を引き渡すよう請求することができます。また、所有権は契約関係のない第三者に対しても主張できる権利なので、仮に第三者が目的物を占有するようになった場合でも、売主は自らの所有権に基づき目的物を引き渡すようその第三者に対して請求することができるのです。

このような所有権留保付売買は、企業間で高額の目的物の売買がなされる場合にしばしばみることができるほか、一般的な社会生活上も自動車をディーラーローンで購入する場合や、オフィスOA機器等リース契約の場合にもみることができます。
　次ページに、一般的な所有権留保の条項例を記載しますので参考にしてください。

2●注意点
　では、所有権留保付売買で商品を売る場合の注意点としてはどのようなものがあるでしょうか。
　第1に考えなければならないのは、商品を第三者に即時取得（民法第192条）されてしまうことへの対応です。
　動産（不動産以外の物をいう）は、不動産と比較すれば1つひとつの価値が低く取引も頻繁に行われます。よって、取引の安全を確保するにあたり、不動産の場合のように登記制度を用いることは現実的ではありません。しかし、動産は社会生活上多くの取引がなされるので取引の安全を図る必要があることは不動産の場合と同様です。そこで、民法上即時取得という制度が設けられ、動産を占有している者から取引により動産を取得した場合、仮にその者に動産を処分する権限がなかったとしても、動産を取得した者が善意・無過失であればその動産の所有権を取得することができると定められたのです。しかも、判例実務上この善意・無過失については、即時取得を否定する側（上記設問との関連でいえば、「売主」）で主張、立証しなければならないとされているのです。
　では、売主としてはどうすればよいでしょうか。この点、自動車のように登録制度があるものについてはあまり心配する必要はありません。上記のように即時取得は、登録制度のような公示制度がない取引の安全を図るために規定されたものなので、動産であっても登録制度があるものは、当然即時取得の対象とならないとされているからです。登録制度

のない通常の動産の場合は、売主としては目的物に売主が所有権者であることを示すプレートを貼るなどの対応が考えられます。すなわち、上記のように即時取得は取得者が悪意・有過失の場合には成立しないのですが、プレートが付いていれば取得者の悪意・有過失が認められやすくなるというわけです。

とはいえ、プレートを貼ったとしても買主がはがしてしまっては身も蓋もありません。はがすことが難しいようにしっかりと貼り付けることや、折をみて検査をするなどしてプレートがはがされていないことをしっかり確認することが重要となるでしょう。

【所有権留保条項例】

> 1．本物件の所有権は、売主に留保されるものとし、買主が本物件の代金を全額支払ったときをもって、買主に移転するものとします。
> 2．前項により売主が本物件の所有権を留保する期間（以下「所有権留保期間」といいいます。）において、第三者から本物件に対し強制執行、保全処分もしくは租税滞納処分を受けまたは受けるおそれがある場合、買主は本物件が売主の所有物であることを主張、立証することにより侵害を防ぐとともにその事情を売主に直ちに通知します。

Q70
予定日に納品をしたのですが、買主に受取りを拒否されました。どうしたらよいですか？　代金は支払ってもらえるのでしょうか？

A 売買契約がすでに成立している場合は、正当な理由がない限り受取拒否はできず、代金支払を求めることができます。正当な理由とは、納品したものに欠陥がある場合などです。

・・

1●商品に欠陥があった場合

　個々の売買契約の具体的内容によって様々なケースがあり得ますが、典型的なケースとしては、納品をした物に何か欠陥がある場合があげられるでしょう。たとえば、桐のタンスを納入しようとしたところそのタンスに大きな傷がついていたとか、野菜を納品しようとしたところその野菜が傷んでいたというような場合です。このような場合、売主としては本来なすべきことをなしたといえません。買主には傷のないタンスや傷んでいない野菜を納品するように請求できる権利があり、これらについては受取りを拒否することができるのです。

　一方、目的物に欠陥がないのであれば、買主は目的物の受取りを拒否することはできません。なお、たとえば納入した野菜の一部のみが傷んでいた場合、買主は傷んでいない他の野菜については原則、受取りを拒否できません。

2●欠陥がないのに受取拒否をされたら

　とはいえ、正当な理由がないのに買主が事実上目的物を受け取らないということは現実にあり得ることでしょう。このような場合、売主はなすべきことをしている以上代金を請求できる権利があり、最終的には、

すでに売主が債務の履行をしているにもかかわらずこれを受領することを拒絶しているとして（これを「受領遅滞」という）、裁判を起こすなどの法的手段により強制的に代金を回収することが可能です。しかし、近時改善されつつあるものの、裁判はいまだ手間も費用も時間もかかることに間違いありません。調停などの他の法的手段についても弁護士等の専門家に依頼をすることが適切な場合が多く、いずれも金額などによっては現実的な解決手段とは言い難いのも事実です。

　この点、他の取引先にも納入することができるような品物であれば、他の取引先に納入してしまった上で、これによって追加的に発生した費用のみ当初の買主に請求するという方法が考えられます。このような方法をとることができれば、売主としては目的物を保管しておかなければならない負担を軽減することができます。なお、金銭的な負担という点からは、買主が受取りを拒否したことにより保管費用が発生した場合、売主は法律上この費用も買主に請求することができることになっています（民法第486条但書）。また、代金回収までの期間や代金回収不能のリスクなどの点からも、これらの方法は一般的に法的手段によるよりも売主にとって負担が少ないといえる場合が多いでしょう。

　もっとも法律上、買主が受取りを拒否したからといって、直ちにこのような手段がとれるというわけではなく、直ちに転売できないのが原則です。すなわち、1度受取りを拒否した買主が後日売買代金（および遅延損害金）の支払いとともに再度目的物の納品を要求してきた場合、売主としてはこれに応じなければなりません。

　このような転売が法律上認められるためには、売主としては買主に目的物の受取りを求め、買主が応じなければ契約を解除した上で、転売をする必要があります。より迅速に転売をしたいのであれば、売買契約書中に買主が受取りを拒否した場合には、他の相手方に転売できることを売主の権利として定めた条項を規定しておくのがよいでしょう。いずれにしてもこのような事態が生じた場合には、早い段階で法務部や顧問弁護士等に相談し対応を協議しておくとよいでしょう。

Q71

顧客のお宅を訪問して営業をするときに注意すべき点を教えてください。

A 顧客（消費者）宅を訪問しての営業は、「訪問販売」として特定商取引法上、様々な規制の対象となっています。具体的には事業者の氏名等の明示や書面交付義務などの行政規制、クーリングオフや契約解除などの場合に損害賠償を請求できる額が制限されるなどの民事的規制を受けることになります。

---

1 ●特定商取引法の規制対象となる「訪問販売」とは

　消費者宅をセールスマンが訪問して契約を行う場合が「訪問販売」の典型ですが、特定商取引法上、通常の店舗以外の場所で商品を販売する場合は、「訪問販売」にあたるとされています。たとえば喫茶店や路上での販売は「通常の店舗以外の場所」に該当し、「訪問販売」にあたるということになります。またホテルを一時的に借りて販売を行う場合や、公民館などで行われる展示販売のうち、期間、施設などからみて、店舗に類似するものとは認められないものも「通常の店舗以外の場所」での販売に該当します。

　さらに、消費者を呼び出したり連れ込んだ上で通常の店舗等で商品の販売を行う場合は、通常の店舗で商品の販売をする場合であっても「訪問販売」に含まれるとされています。

　このような「訪問販売」の具体例としては、路上などで消費者を呼び止めて営業所等に同行させて契約させるいわゆるキャッチセールスや、電話や郵便などで販売目的を明示せずに呼び出したり、「特別割引に当選しました」などと他の者に比して著しく有利な条件で契約できるなど

179

といって営業所等に呼び出して契約させる、いわゆるアポイントメントセールスなどをあげることができます。

2●訪問販売に該当するが特定商取引法の規制を受けない場合

「訪問販売」に該当するからといって、常に特定商取引法の対象となるわけではありません。事業者が販売を行う商品が特定商取引法施行規則により指定されていない場合には、特定商取引法の規制対象とはなりません（なお、特定商取引法の規制対象として特定商取引法施行規則により指定されている商品等を以下「指定商品等」という）。また、事業者間の取引や海外にいる人に対する契約についても特定商取引法の規制対象とはなりません。

もっとも、指定商品はペット、医薬品、ペンチ、ドライバー等の作業工具、盆栽、障子、網戸等の建具、はさみ、ナイフ貴金属、防虫剤、衣服等々きわめて多岐にわたり定められているので、「訪問販売」に該当する場合で、事業者間取引にあたらないときは、およそ特定商取引法上の規制が及ぶと考えたほうがむしろ無難でしょう

3●訪問販売に対する規制の概要

訪問販売に対する規制の内容は、大きく行政規制と民事的規制に分けられます。

行政規制としては、①事業者の氏名等の明示（特定商取引法第3条）、②書面の交付（同法第4条、第5条）、③禁止行為（同法第6条）の各規制が重要です。

民事的規制としては、①クーリングオフ（同法第9条）、②契約の取消しに関する特則（同法第9条の2）、③契約を解除した場合の損害賠償金額の制限（同法第10条）の各規制が重要です。

(1)　行政規制
　①　事業者の氏名等の明示

事業者は、訪問販売を行うときは消費者に対して、ア．事業者の氏名、イ．契約の締結について勧誘をする目的である旨、ウ．販売しようとする商品（権利、サービス）の種類を告げなければなりません。

　上記事項の告知は特定商取引法上「勧誘に先立って」行わなければならないことが規定されており、たとえば上記のように顧客宅を訪問する場合は、インターホンでまずその旨を告げなければならないと理解されています。また、電話で訪問の約束を取り付ける場合は、その時点でこれらについて告げなければなりません。

　告知方法は書面によらず口頭で行ってもよいのですが、上記事項が顧客に確実に伝わる程度に明らかにしなければなりません。

　会社の販売員が訪問した場合は、その販売員個人の氏名ではなく、会社の商号（たとえば「○○物産株式会社」等）を告げなければならず、「○○屋」のように通称のみを告げたとしても事業者名の告知と認められないので注意が必要です。

② 書面の交付

　事業者は、顧客から契約の申込みを受けたときや契約を締結したときは、一定の事項を記載した書面（「法定書面」という。→ **Q75**）を消費者に渡さなければなりません。

　訪問販売では多くの場合クーリングオフ（→ **Q75**）の対象となり、消費者は一定の期間内（質問のような顧客宅を訪問して営業する場合であれば8日間）であればクーリングオフにより無理由かつ無条件で事業者との契約を撤回・解除できるのですが、この一定の期間は上記の法定書面を交付してはじめて起算されることになっています。よって、法定書面を交付しない場合いつまでもクーリングオフにより契約を無条件に撤回・解除されてしまうということになってしまいますので、この点についても注意が必要です。

③ 禁止行為

　事業者は、売買契約等の締結について勧誘や、顧客の申込みの撤回

（契約の解除）を妨げるために、事実と違うことを告げることが禁止されます。また、故意に事実を告げないことや威迫して困惑させる等の行為を行うことも禁止されます。

④　行政処分・罰則

　これらの行政規制に違反した場合、業務改善指示、業務停止命令などの行政処分のほか、刑事罰を課される場合もあります。

(2)　民事的規制

①　クーリングオフ（特定商取引法第9条）

　クーリングオフとは一定の期間内であれば消費者が事業者との間で行った契約の申込みや契約の締結を、無理由かつ無条件で撤回・解除できる権利です。

　訪問販売に際し、消費者が契約を申し込んだり、契約をした場合でも、法定書面を受け取った日から8日間以内であれば、消費者は事業者に対して、書面によりこのクーリングオフをすることができます。

　クーリングオフがなされると、事業者は自らの負担で販売した商品を引き取らなければなりません。一方、消費者は損害賠償や違約金を支払う必要はなく、すでに頭金など対価を支払っている場合は速やかにその返還を請求できます。

　事業者が、事実と異なることを告げたり威迫したことにより、消費者が誤認や困惑をしてクーリングオフしなかった場合には、8日間を経過していても、消費者はクーリングオフができます。ただし、平成16年11月10日以前の契約は、原則通り8日間を経過するとクーリングオフをすることができません。

　なお、使うと商品価値がほとんどなくなるいわゆる消耗品（健康食品、化粧品など）を使ってしまった場合や、現金取引の場合であって代金または対価の総額が3,000円未満の場合は、クーリングオフの規定は適用されません。なお、クーリングオフ規定は改正の動きがありますので**Q75**を参照してください。

② 契約の取消等（特定商取引法第9条の2）

　事業者が、ア．事実と異なることを告げ、消費者がそれを真実だと誤認したため契約を締結した場合、イ．故意に事実を告げず、消費者がその事実が存在しないと誤認したため契約を締結した場合、消費者はその契約を取り消すことができます。

　平成16年11月10日以前の契約には本条の適用はありませんが、一般法たる民法によって取り消すことが可能です。

③ 契約を解除した場合の損害賠償などの額の制限（特定商取引法第10条）

　たとえば、代金を支払わないなど消費者に契約の不履行がある場合、事業者から契約の解除や撤回をすることが可能です。このような場合一般法たる民法に従えば、事業者は消費者に対し損害賠償や違約金を請求できるということになります。しかし、訪問販売においては、特定商取引法が損害賠償や違約金について事業者が消費者に対し請求できる額の上限を以下のように定めています。

　　ア．商品が返還された場合は、通常の使用料の額（販売価格から転売可能価格を引いた額が、通常の使用料の額を超えているときはその額）

　　イ．商品が返還されない場合は、販売価格に相当する額

　　ウ．役務を提供した後である場合は、提供した役務の対価に相当する額

　　エ．商品をまだ渡していない場合（役務を提供する前である場合）は、契約の締結や履行に通常要する費用の額

となります。

④ 消費者契約法による規制

　訪問販売は、以上の特定商取引法による規制の他、消費者契約法による規制も受けますが、この点については**Q73**を参照してください。

Q72

業務にあたって取引先から委任状が必要だといわれました。委任状の作成はどのような形式でどのような点に注意をすればよいでしょうか？　また、委任をする際に気をつける点は何でしょうか？

A 委任状とは、ある人に一定の事項を委任した旨を記載した文書です。

記載事項を正確に記載し、前半は具体的に、後半は「これに付随する一切の件」といった内容を記載することである程度幅を持たせると便利です。

また、気をつけなければならないものに、白紙委任状や表見代理があります。

─────────────────────────────

1 ●委任状とは

委任状とは、ある人に一定の事項を委任した旨を記載した文書です。委任を受けた者が、委任を受けた事項につき、代理人としてなした法律行為の効果は、委任者である本人に帰属します（民法第 99 条、商法第 504 条）。

2 ●委任状の記載事項

(1) 基本的な記載事項

一般的に委任状に記載すべき事項は、以下のとおりです。

① 受任者の住所、氏名
② 委任文言（「以下の事項を委任します」等）
③ 委任事項
④ 条件
⑤ 作成年月日

⑥　委任者の氏名・捺印
(2) 記載事項のポイント
① 委任事項
　代理権の範囲を画するものであるから、正確に記載します。ただ、すべての事項を詳細に書くわけにもいかないので、前半に具体的な内容を書いて、後半は「これに付随する一切の件」というように幅を持たせる記載が便利です。

> 賃借人○○○○に対する東京都千代田区○○の物件における建物明渡し交渉及びこれに付随する一切の件

② 条　件
　たとえば、上記建物明渡し交渉の事例で、立ち退き料の上限を定めておきたい場合に「立ち退き料の上限は金○○萬圓とする。」と記載し、代理人の裁量に一定の枠をはめることができます。
　もっとも、代理人がこれに違反した場合であっても、相手方がその条件を知らないことについて過失がなかった場合は、民法第110条により、相手方が保護されてしまいます（表見代理）。

3 ● 委任の際の注意事項

(1) 白紙委任状
　受任者（代理人）の氏名または委任事項の記載がない委任状で、受任者その他正当な所持人が後日これを補充して使用すべきものをいいます。このような白紙委任状は、委任事項や受任者の氏名を勝手に補充され、委任者の当初の委任の範囲を超えたり、予定していなかった事項が勝手になされたりするおそれがあります。たとえば、家の抵当権の設定を委任したのに、白紙委任状に家の売買と記載され、勝手に家を売られてしまった等の事例が考えられます。したがって、よほど信頼のおける人以外は、極力白紙委任状の交付は避けるべきです。

(2) 表見代理

　前記事例のように、自己が委任していない事項を代理人が勝手に行ったり、自己の委任した範囲を超えて代理行為がなされたりした場合は、無権代理行為として、本人が追認しない限り、原則その行為の効果は委任者本人には帰属しません（民法第113条）。

　もっとも、常に本人に効果が帰属しないとすると、代理権があると信じて取引をした相手方に不測の損害を被らせることになってしまいます。そこで、以下のような場合は、取引の安全を優先して、相手方の保護を図っています。

①　代理権授与の表示による表見代理（民法第109条）

　実際は代理権を与えていないのに、受任者に代理権を与えた旨を表示した場合に、相手方が本当にその者に代理権があると過失なく信じて、その授与されたとされる代理権の範囲内で取引をした場合、その取引の効果は本人に帰属します。

②　権限外の行為の表見代理（民法第110条）

　代理人が権限外の行為をした場合に、相手方が代理人の権限内の行為だと過失なく信じた場合は、相手方を保護することとしています。

③　代理権消滅後の表見代理（民法第112条）

　代理権が実際は消滅しているのに、消滅していないと過失なく信じて代理人と取引をした場合に、相手方を保護することとしています。

　　　　　　　　　　＊　　　　　　　＊

　このように、自己が委任していない事項を代理人が勝手に行った場合でも、一定の要件のもとでは、相手方が保護されることになります。委任者本人としてはそのような者を代理人に選んだこと自体に過失があるという考え方を基本としています。したがって、十分に信頼のおける者を受任者にしなければなりません。

Q73
物品を一般消費者に対し販売するときに注意しなければならないことは何ですか?

A 事業者が一般消費者と契約を締結する場合、消費者契約法の規制を受けます。また、インターネット等を利用して販売する場合、電子契約法の規制を受けます。その他一定の販売形態を取る場合には特定商取引法、支払いがローンや月賦でなされる場合には割賦販売法等の規制があります。

1●消費者契約法の規制

消費者契約法は、事業者と消費者との間に情報の質・量、交渉力の格差があることに着目し、消費者保護の観点から一定の場合に消費者が契約の全部または一部の効力を否定することを認めるものです。

同様の効果を持つ法律として特定商取引法がありますが、特定商取引法が一定の勧誘態様や販売態様に着目し、特定商取引法施行令で指定された商品・役務・権利(以下、「指定商品等」という)を一定の勧誘態様や販売態様で販売等する場合にのみ適用があるのに対し、消費者契約法では勧誘態様や販売態様は問題とはなりませんし、また、対象となる指定商品等についても特段の限定がないという点で、より広範な規制を行っているということができるでしょう。

もっとも、特定商取引法の指定商品等はきわめて広範に指定され、かつその指定は特定商取引法施行令により機動的に追加されるものであるので、適用の有無に関しては、一定の取引類型(訪問販売、通信販売、電話勧誘販売、連鎖販売取引、特定継続的役務提供、業務提供誘因販売取引の6類型)にあたるかが重要といえるでしょう。

また、それぞれの法律の要件・効果の差異に関しては、消費者契約法では事業者が消費者に対し、真実と異なることを告知したり、将来の予測について断定的な判断（たとえば、「絶対儲かる」など）をするなどしたことにより消費者が誤認をしたり、営業所から退出させないなどの方法により消費者が困惑し、その誤認や困惑の結果契約を締結したような場合に取消権が認められる（消費者契約法第4条等）のに対し、特定商取引法では、消費者は一定の期間であれば原則として無条件で契約を解除できる（クーリングオフ、特定商取引法第9条等）という差異も重要といえるでしょう。

2●電子契約法の規制

　近時、インターネットの発展に伴い、インターネット上で物品を販売することが多く行われるようになりましたが、このような取引においては、事業者が設定した画面上で、消費者が申込みを行うという形態が一般的といえます。

　その際、消費者がマウスなどの機器の操作を誤って、購入の意思がないのに購入のボタンを押してしまったり、A商品を購入するつもりがB商品を購入するボタンをクリックしてしまうなど意図しない申込みをしてしまうことが多々あります。このような場合、民法の原則に従えば、消費者は契約の申込みの意思がないのに申込みをしてしまったといえるので、無効（民法第95条「錯誤無効」）ということになります。

　しかし、一方で民法第95条はそのただし書きで、表意者（上の場合では消費者）に重大な過失がある場合は、無効を主張できないと定めていることから、事業者と消費者との間で「重大な過失」の有無を巡りトラブルが生じかねません。

　このため「電子消費者契約及び電子承諾通知に関する民法の特例に関する法律」（電子契約法）は、事業者がインターネットの画面上に申込手続を設定し、消費者がその画面上の手続きに従って申込みを行う取引

においては、消費者の意思を確認する画面を事業者が設けていない場合には原則として民法第95条ただし書の適用がないことを定めました。言葉を換えれば、確認画面がない場合には操作ミスをした消費者は無効を主張でき、これに対し事業者は「重大な過失」の主張ができないということになります（電子契約法第3条）。

インターネット上で物品を購入するときによくみられる「確認画面」は、消費者に対する親切という側面だけでなく、事業者の防衛手段という側面もあるのです。

販売形態	関係する法律
消費生活一般	・消費者基本法 ・消費者契約法 ・特定商取引に関する法律 ・製造物責任法（PL法） ・無限連鎖講の防止に関する法律
食　品	・食品衛生法 ・JAS法（農林物資の規格化及び品質表示の適正化に関する法律）
電気・家庭用品	・消費者生活製品安全法 ・家庭用品品質表示法
医療関係	・薬事法 ・医師法
公正取引	・私的独占の禁止及び公正取引の確保に関する法律（独占禁止法） ・不公正な取引方法 ・不正競争防止法 ・不当景品類及び不当表示防止法（景表法）
金融関連	・貸金業の規制等に関する法律 ・利息制限法 ・出資の受入れ、預り金及び金利等の取締りに関する法律 ・割賦販売法
消費者情報・IT	・個人情報の保護に関する法律 ・電子商取引に関する法律 ・電子消費者契約及び電子承諾通知に関する民法の特例に関する法律（電子契約法）

Q74

継続的に取引をしている相手先に取引の注文をしたいのですが、後々のトラブルを防ぐための注文の方法や、注文書の書き方とポイントを教えてください。

A 通常、「基本契約書」と「注文書・注文請書」の2パターンの契約書を使用します。特に断りがない場合、基本契約書の規定が使用されますので、注文書には個別の条件も記載することが必要です。

1 ●継続的商取引における契約—2本立ての契約書

一般市民と違い商人間で継続的商取引を行う場合は、反復・継続・迅速・大量の商品の取引をすることになりますから、個別に細かな契約書を作成し、調印するのはいかにも非効率的です。

そこで、商人間の継続的商取引では、各取引に共通して適用されるルールをあらかじめ詳細に取り決めた「基本契約書」と個別の取引契約の際に用いられる「注文書・注文請書」の2パターンの契約書を使用するのが通常です。

基本契約書では、商品の発注の方法、受取り方法、検査方法、金銭の支払方法、瑕疵担保責任、解除等、取引の方法が事細かに規定されます。そして、特に断りがない限り、個別の取引契約にこの基本契約書の定めが適用されることになります。

他方、その分個別の取引契約の書式は簡略化されます。発注する商品の数量・種類等を書いた注文書と、これに対する注文請書のやりとりで日常の反復的取引がなされていくことになります。

2●継続的商取引における契約の成立―黙っていると成立

民法上の原則では、契約が成立するには申込者の申込みを受けて、相手方がこれを承諾することが必要です。

しかし、反復・継続・迅速・大量に行われる商取引では例外が定められています。商人が、平常取引する者から営業の部類に属する契約の申込みを受けて、遅滞なく諾否の通知を発しなかった場合は、申込みを承諾したものとみなされてしまうのです（商法第509条）。ですから、申込みがあった場合は、迅速に対応を行うように注意する必要があります。

3●注文書・注文請書のポイント

さて、注文書作成のポイントですが、取引条件等は基本契約書に定められていますので、個別の条件である、①種類・品名、②数量、③納期、④受け渡し場所、⑤金額等を明確にして、注文することが重要です。

その他、基本契約書に定めていない事項や、基本契約書と異なる条件を付す場合はこれも注文書に明確に定めておかなければなりません。

注文請書は、通常は注文書の写しを作成し、この末尾に注文を承諾した旨の文言を入れて返送します。いずれも、後日の紛争を避けるために、契約の申込みを承諾した証拠として必ずもらっておくべきです。

4●契約の成立には書面が必要か

上記のとおり、個別契約を成立させるには注文書等の書面を作成するのが通常です。もっとも、注文書等の書面が契約の成立に不可欠かというと実はそうではありません。口頭でのやりとりでも当事者の意思が合致していれば、契約はきちんと成立します。ただ、後日紛争が起こった場合に、明確な証拠がないため、こういう内容の契約が成立したということを立証することが困難になります。したがって、結局は、もめごとの種を残さないように、きちんと明確に注文書・注文請書等の書面を残しておくことが大切です。

Q75

私は顧客宅を訪問してセールスを行う訪問販売のセールスマンですが、販売後にしばらく経ってから、顧客から「クーリングオフをする」といわれました。どのように対処したらよいのでしょうか？

A クーリングオフ制度は、いつでも何にでも利用できるわけではなく、期間や対象商品、取引形態等によって制限が設けられています。ただし、来年以降、特定商取引法および割賦販売法が抜本的に改正される予定で、原則すべての訪問販売等商品・サービス等がクーリングオフの対象になる可能性が強くなりました。

1 ●特定商取引に関する法律

一般的に1度成立した契約は、両者の合意がない限りなかったことにはできないのが原則です。しかし、顧客（消費者）宅を訪問してのセールス等では、強引なセールスや詐欺的なセールスが行われ消費者が購入を望まない商品やサービスの購入を契約してしまうトラブルが多発し社会的な問題となったことから、訪問販売等の販売形態について一定のルールを定めることにより消費者被害の防止をはかることを目的として、特定商取引法が定められたという経緯があります。同法はその第9条で、消費者が訪問販売等により契約を締結した場合、一定の期間内であれば消費者が書面によって申込みの撤回や契約の解除ができることを定めています。この制度をクーリングオフ制度といいます。

2 ●クーリングオフが可能な期間・範囲

このクーリングオフが可能な「一定の期間」は、上記のような訪問販売では8日間と定められており、消費者は8日以内にクーリングオフの

通知を発信すれば、クーリングオフを主張できます。

　反対にいえば、この8日間が経過していれば販売業者としてはクーリングオフが成立しないことを主張できることになります。

　ただ、注意すべきことはこの8日間は契約の日から起算されるのではないということです。特定商取引法は第5条で、訪問販売により契約をする場合、販売業者に申込書面または契約書面（以下、併せて「法定書面」という）を消費者に対し交付することを義務付けているのですが、同法第9条は法定書面を消費者に交付した日からこの8日間が起算されること、すなわちクーリングオフが行使できる期間の起算日が法定書面の提出日であることを定めているのです。

　したがって、訪問販売による契約にあたり法定書面を交付した日を含め8日間が経過していればクーリングオフは成立しないと主張できることになります。

　なお、法定書面については、記載すべき事項が特定商取引法上定められています。具体的には、以下のとおりです。

① 販売価格（サービスの対価）
② 代金（対価）の支払い時期、方法
③ 商品の引渡時期（権利の移転時期、サービスの提供時期）
④ 契約の申込みの撤回（契約の解除）に関する事項
⑤ 事業者の氏名（名称）、住所、電話番号、販売業者が法人の場合はその代表者の氏名
⑥ 契約の締結を担当した者の氏名
⑦ 契約の締結の年月日
⑧ 商品名、商品の商標または製造業社名
⑨ 商品の型式または種類
⑩ 商品の数量
⑪ 商品に隠れた瑕疵がある場合の販売業者の責任についての定めがあるときは、その内容

⑫　契約の解除に関する定めがあるときは、その内容
⑬　そのほか特約があるときは、その内容

3●クーリングオフが行われると

　消費者がクーリングオフを行った場合、消費者がすでに商品もしくは権利を受け取っている場合でも、販売業者の負担によってその商品を引き取ってもらうことおよび権利を返還することができますし、すでにサービスが提供されている場合でも、代金を支払う必要はありません。また消費者は、クーリングオフを行使しても損害賠償や違約金を支払う必要はなく、すでに頭金など代金やその一部を支払っている場合でも速やかにその金額を返還することを請求できます。

　クーリングオフの行使を妨げるために、事実と異なる説明をしたり、故意に事実を説明しなかったり、威迫して消費者を困惑させることは特定商取引法第5条で禁止行為とされており、これに違反した場合、クーリングオフの期間が延長されるだけでなく、販売業者は業務改善指示、業務停止命令などの行政処分のほか、刑事罰の対象となりますので注意が必要です。

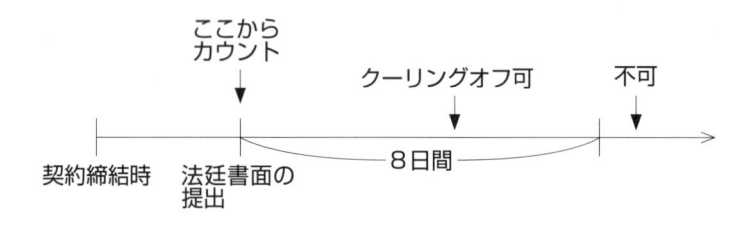

契約締結時　法廷書面の提出　　ここからカウント　　クーリングオフ可　　不可
　　　　　　　　　　　　　　　　　8日間

ところで、近頃はお年寄りに対し高額のクレジット契約を結ばせる悪質な訪問販売が増加したり、クーリングオフの対象となっていない商品を選別して悪徳商法を行う業者が出たりしています。特定商取引法施行令ではクーリングオフの対象商品が規定されていますが、その数や種類が限定されているため、法や政令の隙間をぬって悪質な商法を行う業者が後を絶たない状況です。今年に入って、みそ・しょうゆ等の調味料や、証拠金（保証金）取引等も新たにクーリングオフの対象商品に加えられたものの、消費者を保護するにはまだ不十分といえます。

　そこで、来年以降の国会で特定商取引法および割賦販売法の抜本的改正を行い、クーリングオフのできる商品を原則すべての訪問販売・通信販売・電話勧誘販売商品とするという内容が設けられる動きが生じています。また、信販会社にもクーリングオフを適用する内容が盛り込まれる予定です。

　法改正が実現すれば、クーリングオフの対象となる商品・サービスが拡大されるため、業者が悪質な商法を行っても消費者がより保護される可能性が強まりました。また、信販会社に対してもクーリングオフ適用を拡大すことにより、業者との間で高額なクレジット契約を締結させられた消費者が救済され、また、信販会社にすでに支払済みの代金の返還が認められる余地も出てきています。

　この法改正は非常に重要なので、今後の国会の動きに注目です。

Q76
電話で営業をする場合に注意が必要な法的問題点を教えてください。

A 一定の要件を満たす場合、特定商取引法上の「電話勧誘販売」にあたり、訪問販売や通信販売と同様に同法による規制対象となります。具体的には事業者の氏名等の明示や書面交付義務などの行政規制や、クーリングオフや契約解除の場合などの損害賠償の制限等の民事的規制を受けることになります。

・・

1 ● 特定商取引法の規制対象となる「電話勧誘販売」

販売業者または役務提供事業者（役務提供とは、サービスの提供をいう。以下、販売業者と役務提供事業者を併せて「事業者」という）が、電話をかけ、または消費者に電話をかけさせ、その電話において行う勧誘により、消費者からの契約の申込みを受け、または契約を締結して商品等の販売を行う営業形態をいいます。

典型としては、①事業者が電話をかけて勧誘を行い、その電話の中で消費者からの申込み（または契約の締結）をするような場合があげられますが、②電話をいったん切った後に、郵便、電話等により消費者が申込みを行った場合でも、当初の電話において消費者が購入することを決定した場合は「電話勧誘販売」に該当します。

また、③事業者が、ア.消費者に対し営業であることを告げずに電話をかけることを要請したり、イ.「抽選に当たったので特別価格でご提供します」などと記載したハガキを送付するなどの方法により、消費者に一般の人より著しく有利な条件で契約できるとして電話をかけさせるなど、欺瞞的な方法で消費者に電話をかけさせて勧誘した場合も「電話勧

誘販売」に該当します。

　特定商取引法上「電話勧誘販売」の主体は特に制限されず、会社でも個人でも同法の規制を受け得ること、事業者間取引や海外にいる人に対する契約の場合は特定商取引法上の規制を受けないことは、「訪問販売」や「通信販売」の場合と同様です。

　また、特定商取引法施行令で定められた指定商品等に該当しない場合、特定商取引法上の規制を受けないものの、指定商品等が極めて広範に規定されている点も「訪問販売」や「通信販売」の場合と同様です。

2●電話勧誘販売に対する規制の概要

　電話勧誘販売に対する規制の内容は、大きく行政規制と民事的規制に分けられます。

　行政規制としては、①事業者の氏名等の明示（特定商取引法第16条）、②再勧誘の禁止（同法第17条）、③書面の交付（同法第18条、第19条）、④禁止行為（同法第21条）の各規制が重要です。

　民事的規制としては、ア．クーリングオフ、イ．契約の取消しに関する特則、ウ．契約を解除した場合の損害賠償金額の制限の各規制が重要です。

　もっとも、行政規制のうち①事業者の氏名等の明示、③書面の交付、④禁止行為の各規制及び民事的規制の内容は訪問販売と同様になりますので、以下では②の再勧誘の禁止についてのみ説明します。

(1)　再勧誘等の禁止（特定商取引法第17条）

　事業者は、契約を締結しない旨の意思を表示した者に対し、さらに勧誘を継続したり（勧誘継続）1度勧誘を止めた後に再度勧誘（再勧誘）することが禁止されます。

　「契約しません」というように明示的に契約を締結しない意思が表れている場合はもちろんですが、「いりません」「必要ありません」「買うつもりはありません」などのように、契約締結の意思がないことをうかがうことができる場合であれば「契約を締結しない旨の意思表示」が

あったものと認められますので、勧誘継続や再勧誘が禁止されます。
　また、「もう電話しないで下さい」「お宅とはつきあいません」などのように黙示的に契約締結の意思がないことが示される場合も「契約を締結しない旨の意思表示」があったものと認められますので注意が必要です。
　消費者が契約を締結しない旨の意思表示をしたにもかかわらず、勧誘継続や再勧誘をした場合は、主務大臣である経済産業大臣は事業者に対し必要な指示をすることができると規定され、この指示に従わない場合は100万円以下の罰金の対象となります（同法第72条第2項）。

●著者紹介

小笠原 耕司（おがさわら こうじ）
小笠原国際総合法律事務所所長
- 昭和59年　一橋大学法学部（私法過程）卒業
- 平成3年　弁護士登録
- 平成16年　東海大学法科大学院教授就任（担当科目：現代商事法・倒産法・リーガルクリニック、その他ゼミ）
- 平成16年　小笠原国際総合法律事務所開設

金子 淳（かねこ じゅん）
- 平成10年　早稲田大学法学部卒業
- 平成15年　弁護士登録
　　　　　東京銀座法律事務所（現小笠原国際総合法律事務所）入所

塩谷 昌則（しおたに まさのり）
- 平成12年　東京大学法学部卒業
- 平成17年　弁護士登録
　　　　　小笠原国際総合法律事務所入所

大部 博之（おおべ ひろゆき）
- 平成6年　東京大学法学部卒業
- 平成6年　資格取得セミナー運営会社勤務
- 平成8年　ITソリューション系会社勤務
- 平成10年　フリーランス（ライター・翻訳等）
- 平成18年　弁護士登録
　　　　　小笠原国際総合法律事務所入所

伊東 孝（いとう たかし）
- 平成8年　一橋大学経済学部卒業
- 平成8年　半導体専門商社入社（法務知的財産部配属）
- 平成15年　機械メーカー入社（総務部法務課配属）
- 平成18年　弁護士登録
　　　　　小笠原国際総合法律事務所入所

増村 圭一（ますむら けいいち）
- 平成8年　専修大学法学部卒業
- 平成9年　多賀出版株式会社入社
- 平成17年　佐藤光則法律事務所入所
- 平成19年　小笠原国際総合法律事務所入所

本城 昭彦（ほんじょう あきひこ）
- 平成9年　早稲田大学法学部卒業
- 平成9年　日本通運株式会社入社
- 平成16年　牛島総合法律事務所入所
- 平成18年　みらい総合法律事務所入所
- 平成19年　小笠原国際総合法律事務所入所

野崎 さおり（のざき さおり）
- 平成10年　上智大学法学部卒業
- 平成18年　東海大学法科大学院実務法学研究科修了

[Q&A] 御社の営業は法律知識で強くなる

2007年8月10日　発行

　　編　者　小笠原国際総合法律事務所Ⓒ
　　発行者　小泉 定裕

　　発行所　株式会社 清文社
　　　　　　東京都千代田区神田司町2－8－4（吹田屋ビル5F）
　　　　　　〒101-0048　電話 03(5289)9931　FAX 03(5289)9917
　　　　　　大阪市北区天神橋2丁目北2－6（大和南森町ビル）
　　　　　　〒530-0041　電話 06(6135)4050　FAX 06(6135)4059
　　URL：http://www.skattsei.co.jp

(株)太洋社

■本書の内容に関する御質問はファクシミリ（03－5289－9887）でお願いします。
■著作権法により無断複写複製は禁止されています。落丁本・乱丁本はお取り替えいたします。

ISBN978-4-433-34427-6　C2032